历史的丰碑丛书

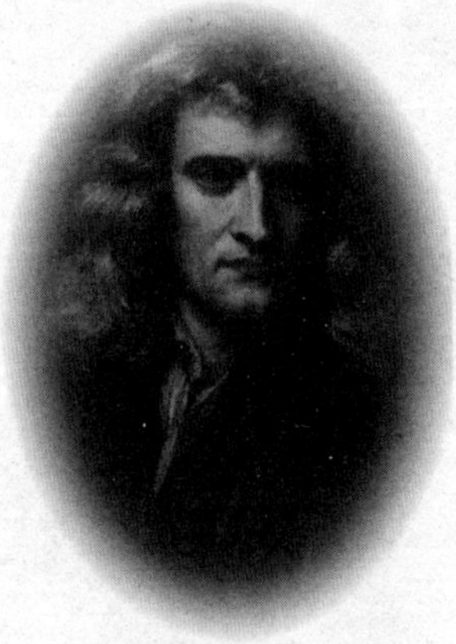

科学家卷

经典物理学之父
牛　顿

刘学铭　吕一枚　禹阿平　编著

吉林人民出版社

图书在版编目(CIP)数据

经典物理学之父——牛顿 / 刘学铭, 吕一枚, 禹阿平编著 . -- 长春：吉林人民出版社, 2011.4（2025.4 重印）
（历史的丰碑丛书）
ISBN 978-7-206-07680-0

Ⅰ . ①经… Ⅱ . ①刘… ②吕… ③禹… Ⅲ . ①牛顿, I.（1642～1727）—生平事迹—青年读物②牛顿, I.（1642～1727）—生平事迹—少年读物 Ⅳ .
① K835.616.11-49

中国版本图书馆 CIP 数据核字（2011）第 038670 号

经典物理学之父　牛顿
JINGDIAN WULIXUE ZHI FU　NIUDUN

编　　著：刘学铭　吕一枚　禹阿平
责任编辑：韩春娇　　　　封面设计：孙浩瀚
制　　作：吉林人民出版社图文设计印务中心
吉林人民出版社出版 发行（长春市人民大街7548号 邮政编码：130022）
印　刷：北京一鑫印务有限责任公司
开　本：787mm×1092mm　　1/16
印　张：8　　　　字　数：72千字
标准书号：ISBN 978-7-206-07680-0
版　次：2011年4月第1版　　印　次：2025年4月第3次印刷
定　价：35.00元

如发现印装质量问题，影响阅读，请与出版社联系调换。

编者的话

"欲知大道，必先为史"。

回溯人类的足迹，人们首先看到的总是那些在其各自背景和时点上标志着社会高度和进步里程的伟大人物。他们是历史的丰碑，是后世之鉴。

黑格尔说："无疑，一个时代的杰出个人是特性，一般说来，就反映了这个时代的总的精神。"普希金说："跟随伟大人物的思想是一门引人入胜的科学。"

以史为鉴，面向未来。作为21世纪的继往开来者，我们觉得，在知史基础上具有宽广的知识结构、开阔的胸襟和敏锐的洞察力应是首要的素质要求，而在历史的大背景

◆ 历史的丰碑丛书

中追寻丰碑人物的思想、风范和足迹，应是知史的捷径。

考虑到现代人时间的宝贵，我们期盼以尽量精短的篇幅容纳尽量丰富的信息，展现尽量宏大的历史画卷和历史规律。为此，我们编撰了这套丛书。

编撰丛书的过程，也是纵览历代风云、伴随伟人心路、吸收历史营养的过程。沉心于书页，我们随处感受着各历史时期伟大人物所体现的推动历史进步的人类征服力量。我们随着伟人命运及事业的坎坷与辉煌而悲喜，为他们思想的深邃精湛、行为的大气脱俗而会意感慨、拍案叫绝。

然而，在思想开始远游和精神获得享受的同时，我们也随之感受到历史脚步的沉重

编者的话

和历史过程的曲折。社会每前进一步都是艰难的，都伴随着巨大的痛苦和付出。历史的伟大在于它最终走向进步，最终在血污中诞生了鲜活的"婴孩"。

历史有继承性和局限性，不能凭空创造。伟人也有血肉，他们的思想、行为因此注定了同样具有历史的局限性和阶级的、时代的烙印；他们的功业建立于千千万万广大人民群众伟大创造的基础上。历史是人民群众创造的，伟大的人物们是历史和时代造就的。同时，我们也无法否定此间他们个人的努力。这也正是我们编撰这套丛书的目的。

我们期盼着这套丛书得到社会的认同，对读者，特别是青少年读者之历史感、成就感和使命感的培养有所裨益。史海浩瀚，群

◆ 历史的丰碑丛书

星璀璨。我们以对广大青少年读者负责的精神，精心遴选，以助力青少年成长进步，集结出版了《历史的丰碑》系列丛书，敬请读者批评、指正。

历史的丰碑丛书

编委会

策　划：胡维革　吴铁光
　　　　林　巍　冯子龙
主　编：胡维革　邢万生
副主编：贾淑文　谷艳秋
编　委：（按姓氏笔画为序）
　　　　于二辉　刘士琳
　　　　刘文辉　孙建军
　　　　李艳萍　吴兰萍
　　　　杨九屹　隋　军

牛顿不仅在经典物理学王国里，雄踞君主的宝座，而且在整个科学世界里，也占据极为显赫的一席。

牛顿集传统物理学理论之大成，完成了经典物理学的创建工作。发现了万有引力定律和机械力学三大定律，创立微积分以及光学理论，这一切使他名列人类文明的史册。

牛顿的光辉业绩激人奋进，牛顿的非凡人生给人以启迪。

牛顿原本是一个出身卑微、身体羸弱、智力平常的孩子，他是怎样成为一颗享誉世界、名垂千古的科学巨星的呢？追随这位伟人的生活轨迹，也有助于人们深谙人生的真谛。

目　录

童年工艺师　　　　　◎ 001

少年发明家　　　　　◎ 013

勤奋大学生　　　　　◎ 033

天才科学家　　　　　◎ 051

机械自然观　　　　　◎ 066

生命转折点　　　　　◎ 076

历史长空的恒星　　　◎ 089

褒贬际会的人生　　　◎ 099

目录

量天大尺度	① 001
火箭发明家	① 013
浩瀚太空的门	① 023
太空科学家	① 051
航天员培训	① 060
走向太空人	① 076
历史的空的轨道	① 089
走近航天的人士	① 090

经典物理学之父 **牛 顿**

童年工艺师

> 种子不落在肥土而落在瓦砾中,有生命力的种子决不会悲观和叹气,因为有了阻力才有磨炼。
>
> ——夏衍

无论是车水马龙的繁华闹市,还是人烟稀少的穷乡僻壤,凡是有人生存的地方,不管它暂时看来多么不值得称道,但你可千万不要忽视时间的神奇魔力。因为时间的无限延续,会赋予空间一切可能和机遇。它会使曾显赫一时的繁华场所变得天荒地老,沦为寂寥的大漠;它也会使某个一向被人遗忘的角落,出现令人惊叹的奇迹。

在英国林肯郡格兰沙姆镇南部约10公里之处,有一条小河宛如潜行的银蛇,时而隐踪于田野绿洲之中,时而现形于烈日骄阳之下。河岸边点缀几幢茅屋草舍,间或还可发现几段残垣断壁和旧房舍的陈迹。这是一个名叫武耳索普的小村庄。

1642年圣诞之夜,时光为这个小村庄带来了名扬

天下的机遇。一位名叫汉娜·牛顿的农妇，生下一个只有3磅重(不足3市斤)的婴儿，用1升左右的瓶子便可把这个瘦小的男孩装下。他，就是将给世界带来奇迹的伟大的牛顿。

牛顿是个遗腹子，在他出生前3个月，当农民的父亲就病逝了。在他3岁时，母亲与邻村的一位叫斯密士

←牛顿故居

的牧师结了婚。他被寄养在外祖母家里。从此，他便陪着外祖母过着宁静恬淡、寂寞单调的生活。

外祖母虽然很疼爱他，但是这位异常勤劳的女人，每天总是忙里忙外不得片刻的清闲，她又要养牛喂马，又要洗涮做饭照料家务，还要锄地刨垄莳弄农田，根本抽不出时间陪伴他玩儿。而对一个三四岁的孩子来说，生活在他面前展示着一幅奇妙的、多彩的、陌生的画卷，这使他感到新奇、振奋和恐惧。他有时对一个事物感到惊喜而又困惑不解；有时被某一事物所激动想一试身手；有时被某种事物惊吓而希求庇护。

总而言之，这个时期的孩子，最需要亲人的陪伴与

关怀、庇护和疼爱。然而这一切对牛顿来说，都是无法实现的奢望。这就不能不使这个弱小而又可怜的生命，感到孤独和寂寞，同时也迫使他去独自寻觅孩儿提时代的生活乐趣。这种失掉亲人的关怀和照顾的孩子，由于不能从他人身上得到温暖和欢乐，那就只好另辟蹊径了：一方面沉溺于自己的内心世界中，在那里寻找有趣的事物，也就是说，通过思索来与主观世界交往，借以达到精神的满足；另一方面，又细心观察周围事物，并勤于动手进行模拟和制作，也就是说，通过实践来与客观世界亲近，进而达到精神的满足。

其实，这两种寻求精神寄托的做法，起初都是出自不甘寂寞和贪玩的儿童心理。然而，这种特殊的心理，往往对孩子的性格和能力产生奇异的影响：它使人变得呆板孤独、寡言少语，同时又勤于动手、善于思考。牛顿就是这样一个孩子。

在孤苦寂寞的童年生活中，唯一使小牛顿感到有趣的是当地赶集的日子。

每逢集日，他都像过节似的，心头充满了期盼和希冀，因为这一天外祖母总是托付邻居艾莉莎阿姨给他买些小玩意带回来。所以，从开集到散集，他都满怀希望地注视着村头，发现艾莉莎阿姨的天蓝色的披肩在散集的人流中闪动时，便飞跑着迎上去。

艾莉莎阿姨给他买的都是些钉子啦、锯啦、锤子啦等做木工活儿的工具，牛顿用这些工具做了许多小玩意儿，有工具箱、书架和玩具箱等等，尽管技艺不高，但造型可爱。外祖母一见不由得喜出望外，觉得她的沉静少语的小外孙心灵手巧，智力并不比其他孩子差。

可是，当涉及上学读书的事情时，牛顿的一些愚蠢而又固执的看法，却使外祖母大为伤心。

牛顿快满6岁的时候，外祖母和舅舅决定送他入学读书。因为当时村内还没有一个孩子上过学，所以牛顿也不知道学校为何物，便问外祖母："上学干啥？"

←牛顿故乡

"上学能学会许多知识，老师教你读书、写字，长大了就能成为一个有出息的人，能当农场主或牧师……"

"我不上学，我不学习，我不当农场主和牧师。"小牛顿执拗地说。

外祖母有些急了，高声喊道："不上学，没知识，将来能干啥？"

牛顿胸有成竹地回答："我要当木匠，做桌椅，盖房子，修羊圈……"

外祖母本来对这个好不容易才活过来的孩子寄托一片厚望，期望他好好读书，将来出人头地，谁料想小小的孩子竟说出这般没出息的话，心里又失望又难过，伤心地哭了起来。

小牛顿见外祖母为他流下了伤心的眼泪，连忙安慰她说："外婆，你别哭了，我上学就是了！"

他虽然答应上学了，可是他的兴趣并不在学习上，他既不喜欢算术，也不喜欢语文，每天上课都心不在焉，巴望着早点下课。

在小学期间，他学习成绩一直很差，常常名列劣等，尽管老师对这个可怜的孤儿深表同情，可是同学们都看不上他，甚至常常歧视他、欺负他。

对于他经常受到的欺侮，除非达到忍无可忍的程度，一般他都默默地忍受了。每当有人对他冷嘲热讽

时，他便像一个受惊的小老鼠，溜着边儿逃避了。

幸亏他有自己喜欢的事情，有自己生活的小天地，不然的话，这个可怜的孩子真不知到哪儿去躲避人世间的冷漠与歧视。放学后，他像一只出笼的小鸟，轻快地向巢穴飞去，一头扎进自己的房子里，拿起锯子或铁锤，做起心爱的木工活。

一天，牛顿放学回家，途中遇见有四匹马拉着的马车从身旁经过，车上坐满了人，连说带笑十分欢乐。牛顿从来没坐过马车，他转过身来以羡慕的眼光目送着远去的马车，心想："坐在马车里一定又舒服又神气，我啥时候能坐上马车呢？"

忽然，有一个大胆的想法在他心中产生了："我可以自己动手造一辆小马车呀，没有马拉车，可以利用高处的斜坡下滑呀……"

这个闷声不响的孩子，有一种说干就干的

←12岁的牛顿

坚强意志和蛮劲儿。但是，一个不到10岁的孩子要造一辆能坐人的马车，谈何容易呀！

然而，牛顿不是一般的孩子，他早就养成了靠自己的力量克服困难的习惯，他很有自信：自己想干的事情，就一定能干成，并且非干成不可！

从这一天起，牛顿就着手做制造马车的准备工作，他把所有平时积攒起来的零用钱，都拿出来买了材料和工具。

做四轮车最艰难的一步是造四个轮子，因为他没有那么多的钱买现成的车轮或者可作车轮用的圆形东西，只好把厚木板锯成圆形。这要求四个轮子一般大，而且都要很圆滑，稍有偏差，转起来就不稳当了。

牛顿费了九牛二虎的劲儿，总算把四个大小一样又圆溜又光滑的车轮子造成了。接着，又做了带车厢的主体、车轴和刹车闸。

一切零件都备齐后，牛顿便开始安装了，他首先在车轮上安装车轴，然后再架上车体，于是外形很像真马车的四轮车便制成了。

牛顿在装配好的四轮车的车厢里，装满了马铃薯，并顺着山坡把车滑下去。他跟随车跑下山，又把车子推上来，仔细地检查了车厢、车轮和车轴，发现都完好无损。他的四轮车成功了。这是他学做木工活以来

完成的第一件大型的作品。

　　从此以后，牛顿一有工夫就推着自制的四轮车来到山坡上，然后坐在车厢里，从高处滑下去，这时风声在耳边嗖嗖作响，他心里非常欢畅。一次又一次地滑下去再推上来，反复地体验乘坐自制马车的欢乐。他不仅喜欢做木匠活，而且还喜欢进行野外观察。美丽的大自然向他展示着形形色色的图景，向他提出数不尽的神奇而有趣的问题，引起他思索，使他为之着迷。

　　有一天，牛顿突然发现苹果树的影子竟会移动！这

←牛顿亲手制作的天文望远镜

个一般人司空见惯习以为常的现象,却使牛顿感到又惊讶又有趣。从此他对影子进行仔细观察。第二天在上学的路上,他注意到由家去学校时影子在左边,而当晚上放学回家时影子又移到右边去了。"这是怎么回事呢?"牛顿思考着。他似乎觉得,物体投在地上的影子的位置与时间的早晚有关系。

于是,他决定做个试验。这试验并不复杂,只需要耐心和时间。他把一根树枝插在泥地里,然后趴在树枝一侧不挡阳光、不与树影相印的地方,凝神观察树影随太阳光照射方向的变化而移动的情景。他一连几天都坚持着观察,一看就是几个小时。渐渐地他搞清楚了时间与树影位置的关系。

那时候,乡下人还没有钟表,只能凭经验,根据在天空中太阳的位置,来粗略地判断时间。有一天,外祖母喊他吃晚饭,牛顿看看地上的树影说:"外婆,今天开饭时间太早了!"

老人家问他是怎么知道的,他指着投射到地面上的树枝的影子说:"昨天吃晚饭的时候,影子在那里,而今天影子却在这里。"

"啊,原来是这样呵!"外祖母闻听又惊又喜,心中暗想:"谁说我小外孙迟钝?这孩子不呆不傻,你别看他不声不响,可他心里很有数哇!"

从那以后,牛顿决定制造一种通过日影来测定时间的仪器。这种仪器名叫日晷,也叫日规。他用木制的日晷做了各种实验,把这种日晷斜靠在墙上,反复调整放置的位置,以确定使用日晷的最佳角度。

后来,他又在一块厚石板上刻成了日晷,起用那天,村里人都赶来观看。年仅9岁的牛顿,竟有如此惊人的创举,不能不使人又惊异又叹服。于是大家对他改变了看法,认为他是一个心灵手巧很有内秀的孩子。

← 日晷

经典物理学之父 **牛顿**

相关链接
XIANGGUAN LIANJIE

伟大科学家牛顿的主要贡献

1. 以牛顿三大运动定律和他发明的微积分法为基础建立牛顿经典力学大厦。

2. 发现万有引力定律。

3. 建立行星定律理论的基础并首次提出星体起源说。

4. 研究并发明反射式望远镜。

→ 动量守恒模型

5. 光的直线传播，光的粒子学说，白光的分解，光的色散，光的反射，光的折射率，透镜的研究，光的干涉，衍射的研究，眼睛的作用，霓虹的解释，发明牛顿色盘，发现牛顿环……

6. 发现动量守恒定律。

7. 发明微积分，这是数学历史上最重要的发明。

8. 创立级数近似法，发现二项式定理。发表《三次曲线枚举》，出版《普通算术》，发现"牛顿幂和公式"，出版《解析几何》，发明极坐标……

9. 发现牛顿冷却定律，并提出一种温度刻度方法。

10. 流体力学，声学方面的研究。牛顿指出流体黏性阻力与剪切率成正比，这种阻力与液体各部分之间的分离速度成正比，符合这种规律的（如、空气与水）称为牛顿流体。提出声速与大气压强平方根成正比，与密度平方根成反比。

11. 创立牛顿科学研究方法。极大地提升了数学在科学中的关键作用。

经典物理学之父 **牛顿**

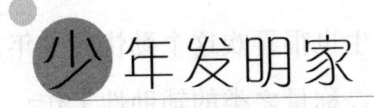

少年发明家

> 大自然既然在人间造成不同程度的强弱,也常用破釜沉舟的斗争,使弱者不亚于强者。
>
> ——孟德斯鸠

牛顿13岁的时候,被送到格兰瑟姆镇的皇家中学去读书。这个小镇拥有3000多居民,他就读的学校名为金格斯中学,是一所创立于1329年的历史悠久的学校。

这所学校风景优美、古朴典雅。有一条小河从校区流过,河上有几只悠闲戏水的白天鹅,学校周围林木繁茂、郁郁葱葱,掩映着小教堂式的校舍。那里的一切景物都显得自然而又和谐。

因为这所中学离牛顿家有10多公里的路程,他不能走读,被寄宿在该镇母亲幼年时的女友克拉克夫人家里。这家人都很热情,克拉克待牛顿像自己的孩子一样。因此,牛顿虽然第一次离开家,却并不觉得孤单。

克拉克先生在镇上开了一爿药店。店铺里五光十色的药品引起了牛顿的兴趣。此外,引起牛顿的兴趣

的还有人的因素,克拉克夫人有个与前夫所生的女儿安妮·斯托丽,她比牛顿小两岁,牛顿很喜欢她,经常帮助她装配和修理玩具,两个孩子相处得十分融洽。

克拉克先生也很喜欢这个勤快的少年,常教他做些药品的配方、称量之类的辅助性工作,无形中培养了他对化学的兴趣。克拉克先生曾给牛顿一册《艺术和自然的神秘》的小书,凡是书中提到的有趣的内容,他都要亲自动手做一遍。通过阅读和试验,牛顿从中学会了制作焰火、玩戏法、自制玩具,同时也学会了调颜色、配油漆、绘画、制图等技术。

有一天,牛顿在书本上看见了一幅画着风车的画,于是就产生了自己做一架风车的念头。牛顿在动手做风车之前,决定先把风力和风向搞清楚。于是他便动手做起风筝来,以便用它搞清风的情况。他做了许多大小不同,形状不一的风筝,并不断到外边去放飞,观察和研究气流与风筝上浮的情况,在笔记本上

← 牛顿

认真地做了记录。

过新年的时候，镇内的孩子们都到广场上去放风筝。牛顿自制的风筝，比商店买来的任何一个风筝飞得都高。他还独出心裁地在风筝上系上小灯，在夜里把它们放上天空，人们看到夜空中流萤般的灯光，还误认为是流星坠地了呢。

用风筝对气流进行了一番研究之后，牛顿便开始着手制作风车了。

一天，药铺的克拉克先生来到牛顿住的二楼上，一看他在细长的三角形木框上面固定着用布条做成的轮叶片，忙问："你做的是什么东西？"

"风车呀"，牛顿回答。"唔，风车。"克拉克先生一边端详着，一边随口问道："它能转动吗？"

"能"，牛顿很有把握地回答道："我在做风车之前，已经用风筝对风力和风向，做了充分的调查。这么大的叶片，只要稍微有点风，就能转动。"

"好哇，孩子，干吧！"克拉克先生亲切地拍着牛顿的肩膀鼓励道："大叔祝贺你成功！"

就这样，牛顿每天一放学就钻到二楼的房间里制造风车。有一天，牛顿兴冲冲地跑下楼来，对克拉克先生说："风车做完了，大叔，你能来帮我一下吗？"

"可以，帮你安装风车吧？"克拉克问道："你打算把它

←风车

安到哪里？""我想安到二楼房顶上，您看怎么样？""行呵，就安到那儿吧。"

两人说完，克拉克先生爬上房顶，牛顿在底下把风车递上去，转眼间风车就安装妥当了。正好这时有风，那细长的四片三角形叶片立即迎风呼呼地转动起来了。克拉克先生一看，高兴得像个孩子似的，连声高喊："成了！成了……"

当时牛顿也很高兴，但他很快就收敛了笑容，一个新的问题又浮现在心头："有风天风车能转，若是一点风也没有咋办？"

牛顿又陷入改进风车的思索中。他想了好长时间，忽然想起井台上打水用的辘轳来，心里仿佛开了两扇门，顿时亮堂了。辘轳的构造和原理并不复杂。那是

经典物理学之父 **牛顿**

将一条粗绳子缠绕在一根粗而且圆的木头滚上,绳子一端固定,另一端系在水桶上。打水时,一摇辘轳把子,绳子便不断缠绕在木滚上,水桶也就随着绳子的缠绕而被提上来。当将盛满水的水桶提至中途突然撒手,水桶便自动下落,于是便通过绳子使木头转滚朝相反的方向转动起来。这种现象不正好可以用来改进风车,让它在无风天气里也能转动吗?于是他把风车上安叶片的轴弄得长一点,上面缠绕一条粗绳子,绳子一端固定在轴上,另一端拴上水桶。当水桶里装上水后,再由二楼房顶放下去,同时带动风车的轴慢慢地转起来。这样一来,他的风车在无风的天气也能转动了,过路人一看那悠悠转动的风车无不感到惊讶和钦佩。

→沙漏

在牛顿少年时代,大部分人家都没有时钟,少数人家凭着一种称为"沙漏"的器物来计时。所谓"沙漏",就是将两个能装沙子的箱子中间用一根玻璃细管连接起来,当上面箱子盛

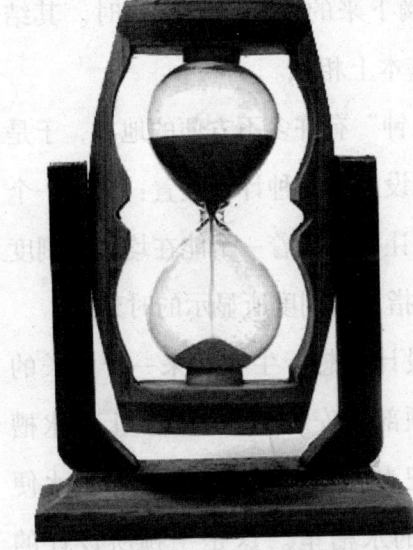

科学家卷 017

装沙子时，便通过玻璃导管往下面箱子里漏，人们就是通过沙子从上箱全部流入了下箱所需的时间来计时的，故而称这种特殊的时钟为"沙漏"。

这种"时钟"用起来很麻烦，每天早晨都要根据教堂的钟声来校准，此外，还要按时将下箱中的沙子全部移至上箱中去。这种时钟不仅使用麻烦，而且还不够准确，因为开始时上箱沙子多、压力大、流速快，到末尾时沙子少、压力小、流速又减慢了。

一天，牛顿在克拉克家发现一个奇怪的水箱子，一打听才知道原来是一架计时用的"水钟"。

从此，牛顿又开始研究"水钟"了。那个"水钟"是由上下两个容器组成的，水可由上面的容器滴落到下面的容器里，并以滴下来的水的数量来计时。其结构和原理与"沙漏"基本上相似。

牛顿发现这种"水钟"有许多不方便的地方，于是着手进行改造。牛顿想设这样一种计时装置：依靠一个能随水面升降的浮标，让它扯动着一个能在均匀的刻度盘上旋转的指针，从而指示出刻度所显示的时刻。

为了体现上述的设计思想，牛顿找来一个细长的木箱，在箱底部和箱顶部各安装一个水槽。上面水槽底部留一个小孔，当把水放进上面的水槽里时，水便经过小孔，滴到下面的水槽里。这是牛顿所设计的

经典物理学之父 **牛 顿**

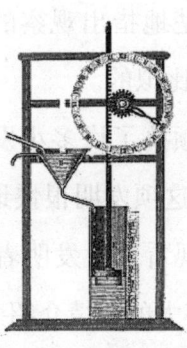

↓水钟

埃及

雅典

"水钟"的主体部分,接着,牛顿又设计他的"水钟"的两个重要附件:浮标和刻度盘。这是集中地体现他创造性的技术难关。

为了制造浮标,他在下面的水槽里,放了一个能全面遮盖水槽的木板,木板的中心安一个长木柄。这个带有长木柄的木板,能随下面水槽中水容量的增加而逐渐上升。这样便制成了浮标。

接着,牛顿又着手制造刻度盘。为此他先在箱子侧面的适当位置画了个圆,并在圆周上刻下代表时间的数字,又在圆心上装了个能灵活转动的指针。浮标和刻度盘制备停当后,牛顿又研制能使两者发生关系的联动装置,这是"水钟"的技术难关之所在。如果当年牛顿的这项发明能申请专利的话,那么其技术机密的核心就在于此。他在长木柄上钉了个钉子,把一根绳子的一端系在钉子上,另一端则挂在连接指针的横木棒上,绳末端再坠一块小石头。

至此"水钟"全部零件便组装完毕了,当上面水

科学家卷 019

槽中的水由其下部小孔滴入下面水槽，致使下面水槽的水面升高从而引起浮标上升时，便带动刻度盘上的指针随时转动，清楚地指出观察的时刻，其准确度之高，"沙漏"是无法比拟的。

少年时代的牛顿搞了许多小发明和小制作，其中"水钟"最为杰出，这项发明很快地成为街传巷议的话题，大家争相跑来观看，对发明者赞不绝口。3年后，一份科学杂志还以很大的热情介绍牛顿这项发明呢。随着牛顿的发明创造的成果接连问世，人们开始对他刮目相看了："原来这个羞怯迟呆、沉默少语的孩子并不笨哪！"但是，尽管街坊邻居、亲戚朋友对他的评价提高了，然而，同学们对他的轻蔑和歧视并没有改变。

由于牛顿把精力都花费在手工制作和发明创造上面，忽略了学校的课程，因而在班上的学习成绩一直落在后面，许多同学都瞧不起他，认为他是个不用功、性情古怪、喜欢"白日做梦"的坏学生。尤其是有一位比他年长的同学，打心眼里讨厌这个总是呆头呆脑、沉默不语、凝神思索的牛顿，总想找机会治治他。

这机会终于来了。有一天牛顿将制成的小水车拿给同学们看，大家对他精湛的手艺赞不绝口，那位一心想治治他的同学一听心里就来气了，以挖苦的口吻问："别拿那个破玩意儿瞎显摆，我问你为啥水会使水

经典物理学之父 **牛顿**

←苏州太湖度假区附近的特大水车模型

车转动？"牛顿的脸唰地一下子红到耳根，他真不懂运动的原理。

"总摆弄这些破玩意儿干啥，要是把心思用在学习上，也不至于像现在这么笨吧？"那个同学似乎越说越有气，最后狠狠地照他腿肚子踢一脚："滚开，我看你一声不吭的笨蛋样儿心里就有气！"

牛顿被踢了个趔趄，俗话说"兔子急了还咬人呢"，这回他可真忍无可忍了。当时，牛顿的脸涨得像紫猪肝，他呼呼地喘着粗气，猛然间像一头暴怒的小狮子，向那个侮辱他的家伙扑过去，以迅雷不及掩耳之势，将那个比他高出半个头的庞然大物打倒在地。

事情来得太突然了，同学们都被牛顿这种凶猛的气势惊呆了，等他们从极度惊愕状态中清醒过来准备拉架时，那位被打倒的同学悄悄地从地上爬起来，擦擦鼻子上的血默默地离开了。

这是牛顿有生以来第一次对侮辱他的人采取反抗

科学家卷 021

行动，这行动的凶猛和野蛮，这行动效果的痛快淋漓，使同学们感到惊讶和振奋，他们都开始用新的目光注视牛顿，而且牛顿本人也从中看到了自身被压抑的"顽强精神"。他开始用新的观点来评价自己："我——牛顿，不是一个任人欺凌的窝囊废，我是一个充满自信心的强者！"

这次打架确实引起了牛顿的觉醒。首先，使他认识到，为人在世虽然要"和为贵，忍为高"；但又不能无限度地容忍退让，以委曲求全来换取安宁，那是懦夫和胆小鬼的行为；其次，他认识到，为人在世应自强自爱，但是，自强自爱的手段，是靠自己努力奋斗拼搏，去实实在在地增长自己的才干，创造光辉业绩；除非迫不得已，绝不轻易动用武力来维护自尊……

从那以后，牛顿开始努力学习功课了。各门课程很快就赶上来了，学习成绩不断提高，终于成了班里数一数二的优秀生。

这期间，他跟书籍成了好朋友，就像过去酷爱木工活一样，现在他读书着了迷，甚至达到忘我的程度。

在一个集市的日子，外祖母装满一筐蔬菜和水果，让牛顿到集上去卖掉。他当时满口答应，挎起篮子赶集去了。谁知他到了集市，找了个摊位摆好蔬菜和水果，就津津有味地读起书来。由于精神过分集中，几个买主前来购买，他都置之不理，到散市时才猛然发现自己分文未卖。

还有一次，外祖母让牛顿去喂鸡。牛顿应了一声，拿着书本到鸡舍去喂鸡了。他一边喂鸡一边看书，看着看着又忘了喂鸡这码事儿了，等鸡吃完了食，他也没把鸡关进鸡舍里。这些"获释"的鸡便趁机流窜到菜园子里，把外祖母精心栽培的甜菜和油菜苗儿叨坏了许多，老人家一见这情景一面摇头一面唉声叹气……

牛顿12岁的时候，他的继父去世了，母亲带着她与后夫生的一男两女搬回武耳索普村的旧居。那时，牛顿的3个同母异父的弟妹都很小，母亲汉娜很需要人帮助她料理家务和耕种土地。做母亲的也不忍心眼睁睁地看着孩子辍学，但是，实在没有其他的办法，只好忍痛对牛顿说：

"孩子，你不能再读中学了，一方面咱家生活太困难了，实在没钱供你读书了，另一方面家里有许多农活需要你干哪!"

为了维持全家人的生活，牛顿含着眼泪离开了学校，回家去务农。

假如牛顿能专心于种田耕地，以他那吃苦耐劳、认真求实的精神，一定会成为一位出色的农民的。不

过，他对知识和研究的兴趣依然如故，干农活并没有使他的兴趣发生丝毫的转移。遇到机会他便把全身心投入到研究探索和读书学习中去。

有一次，牛顿在山坡上放牧牛羊时，在一棵大树下读起书来，却放任牛羊自由活动，后来，牛羊跑进别人家的玉米地，把玉米糟蹋了一大片。那家主人找到牛顿家，拉着他母亲去查验被牛羊践踏的玉米田。汉娜见状无话可说，只好出钱赔偿人家的损失。

那人走后，汉娜气急败坏地说："这个不中用的孩子跑到哪儿去了？让他放牛羊，却闯了这么大的祸，一定得把他找回来！"

牛顿的舅舅最了解自己的外甥了，他知道这孩子轻易不会出错儿的，便安慰汉娜说：

"先别急,我去找找他,问问究竟是怎么回事。"

后来,舅舅在小山坡的一棵大树下找到他时,发现他正聚精会神地看数学书呢,不但没责怪他,反而很高兴,觉得这孩子很有培养前途。

有一天,暴风袭击了牛顿所在的村庄,他母亲担心谷仓的门没有锁牢,叫他去检查一下。可是出去了很长时间,还不见他回来。母亲汉娜不放心,便裹上围巾亲自去检看谷仓,发现仓房的门已被风刮倒在地,而牛顿却从窗口跳到地面,又从地面爬上窗口,反复地爬来跳去,并认真地记下每次落地的位置。

"门倒了你不管,你干什么?"母亲怒气冲冲地喊道。

牛顿似乎还没有从痴迷状态清醒过来,随口说道:"妈妈,我在测量风速,妈,你来看看,风会帮我们跑一段路呢!"

母亲一见儿子如痴如醉的神情,也不好过分地批评他,只是暗中觉得这孩子实在不宜干农活,便同她的哥哥商量如何安排儿子的问题。牛顿的舅舅劝自己的妹妹,让孩子回中学去读书。汉娜没法,只好同意了。

牛顿得知这消息后,又兴奋又感动。从此学习更加勤奋了。后来,以优异的成绩考取了举世闻名的剑桥大学,步上通往科学殿堂之路。

相关链接
XIANGGUAN LIANJIE

牛顿：魔术风车

12岁时，牛顿以优异的成绩从小学毕业。

妈妈汉娜再婚后又有了两个女儿和一个儿子。她虽然很忙，但心里还一直挂念着留在武耳索普的牛顿。

一天，舅舅来找妈妈商量送牛顿去念中学的事。

妈妈觉得只要牛顿认识一些字，将来把家里小小的庄园支撑起来，能安安稳稳地过日子就可以了，不必再继续求学了。

舅舅却认为牛顿头脑灵活，手脚勤快，长大以后一定会有出息。所以，不仅要让他上中学，将来还要念大学。

"你说，牛顿将来真能有造就？"妈妈心存疑虑。

"我说能就一定能。"

"好吧，听你的。"

经不住哥哥劝说，妈妈终于同意让牛顿继续

学习。但是，中学在格兰瑟姆镇，离武耳索普十多公里路，怎能让一个孩子每天来回跑20多公里路呢？

妈妈想到了自己的一位朋友——克拉克夫人，她嫁给了一个药店老板，就住在格兰瑟姆镇。能不能让牛顿寄住在她家里上学呢？

妈妈急忙请人给克拉克夫人写了一封求助信，很快就收到了克拉克夫人热情的回信：让孩子来吧，我们全家都欢迎他！

这样，牛顿便离开了相依为命的外婆，来到格兰瑟姆上了中学。

格兰瑟姆比武耳索普小村热闹多了，这里有不少大大小小的商店，街道也比较繁华。克拉克夫妇待人和善、亲切，一点都不在小孩面前摆架子。牛顿来了后，克拉克夫人拉着他的手，领他上楼，把他带到一间屋子，指点说：

"孩子，这就是你的房间。"

在房间里，一个淡黄色头发的女孩，大大方方地向牛顿伸出了手：

"你好，我一直在等你。我叫斯托丽。"

克拉克夫人微笑着解释：

"这是我的女儿，希望你们能成为好朋友。"

牛顿握着斯托丽温暖的小手，有些腼腆：

"我是艾萨克·牛顿，很高兴认识你。"

牛顿放下行李，又把自己的锤子、锯子、绘画颜料等用具也随行李一起拿了进来，就好像将他的小工厂原封不动地搬到了这里。

看着牛顿带来的这些东西，斯托丽惊讶地睁大了眼睛，心想，看不出他的爱好还挺多呢！

牛顿瞅瞅自己空荡荡的房间，又来到斯托丽的房间，看到同样也是空荡荡的，忙问：

"你这里没有书桌，也没有书架，怎么看书呢？"

斯托丽嘟哝着说："是呀，爸爸、妈妈没有给我准备。"

"不要紧，我可以帮你做一个。"

"你？"

"当然啦。"牛顿取出尺子，在屋子里量来量去，"先让我给你做个书架和小书桌吧！"

"真是太好了！"斯托丽兴奋地几乎跳起来。

此后，牛顿一放学，就把自己关在房间里，叮叮当当地干起活来。

没过几天，一张精致的小书桌和一个漂亮的书架就做好了，抬进了斯托丽的房间。

"这是给你的。"

"哇，真是太漂亮了！"斯托丽乐得手舞足蹈。

克拉克夫人过来，仔细地看着这些家具，赞不绝口地说："好！太好了！真是个心灵手巧的孩子！"

克拉克先生也上下左右地端详着，不由得说："唔，棒极了！"

过去克拉克先生一家曾听说牛顿有点呆气，现在，他们由衷地喜欢上了这个巧手少年。

他们非常支持牛顿的手工制作，让他随便看他们的藏书，而且还常常教他做药剂配方、称量等一些工作，牛顿也因此引起了对化学的兴趣。

不久，牛顿在克拉克先生那里借到一本《人工与自然秘密》，书里面有许多有趣的知识，如，如何调颜色、配油漆，如何造焰火、糊风筝，如何制造水漏钟，等等，大大开阔了他的眼界。按照书里的介绍，牛顿一样一样地做着试验，简直达到了废寝忘食的程度。为了记得更牢固一些，他把这本书抄写在了一个厚厚的笔记本里面。

而斯托丽，则在各种各样的试验里，倾心尽力地帮助牛顿。

格兰瑟姆镇有座风车磨坊，是利用风力来磨面粉的。每天，牛顿从学校回来经过这里，都仰起头用心瞧着风车转动。他的好奇心又被激发起来，暗想：我为什么不能做一架风车呢？

在得到磨坊主人的允许后，牛顿走进磨坊里，仔细地看了又看，把那些最重要的部分都画在纸上，默记在心里。

回到住处，牛顿把自己关在屋子里，认真地画着风车的构造：翅翼如何安装在转轴上，又是如何传动，这个齿轮和那个齿轮如何啮合，才能带动磨盘旋转……都画得明明白白。然后，他对着草图想了又想。

斯托丽自愿给他当助手，帮助他找来合适的木头，并按照他的要求，用刀子不停地刮、削。

几天后，一个直径大约50厘米的风车模型便做好了。

这个木头风车相当漂亮，从外形看，和镇外磨坊里的风车简直一模一样，几个翅翼安装在一根轴上，下面是一个小小的圆石磨。要说不同的地方，就是它比较小，也就越发显得精致。

"爸爸，妈妈，快来看呀！"

最高兴的是斯托丽，她把父母都叫到牛顿的房间，仿佛那是她的作品一样。

两个人一起小心地端起风车，走到窗户前面，外面的风吹进来，翅翼开始慢悠悠地转动，然后越转越快。风车吱吱咯咯地响着，全都跟着转了起来。

"爸爸，您放进去一点麦粒，看看会怎么样。"斯托丽请求着。

克拉克先生抓起了一把麦粒，小心地撒在磨盘上，随着咯咯吱吱一阵响，下面真的流出了白色的面粉，虽然很少很少，但那是真正的面粉。

"好棒的风车模型呀！真是不可思议！"

克拉克夫人惊呼着。

"做得真好，可是要装在哪里呢？"

克拉克先生问道。

"就装在店铺的屋顶上好啦！"

"好啊！这样还可以当作我们药铺的招牌，真是了不起的主意。"

克拉克先生马上和牛顿一起爬到屋顶上去安

装风车，借着风力的吹送，风车立刻很顺利地转动起来。

路过的行人，都被风车吸引住了，纷纷过来观看，对牛顿大加称赞：

"这样会动脑，真是个聪明的孩子。"

"听说除了风车外，他还做了许多稀奇古怪的东西呢！"

"真的吗？那他岂不要成为大发明家喽！"

过了几天，人们更惊奇地发现，这架风车有风时转动，没风时也在转动，真神奇！

这又是怎么一回事？

原来，为了能让风车在没风的时候转起来，牛顿用木条钉了一个小圆轮一样的笼子，把它和风车联结在一起，将一只小白鼠放在笼子里，小白鼠拼命地奔跑，蹬动着轮子，轮子旋转便带动了风车。这样，在没有风的时候，风车也会转个不停。

克拉克一家看着这个没有风也能转动的风车，把十几岁的牛顿当成小小发明家。

经典物理学之父 **牛顿**

勤奋大学生

对搞科学的人说来，勤奋就是成功之母。
　　　　　　——茅以升

1661年6月，19岁的牛顿，在英国剑桥大学三一学院开始了他的大学生活。

剑桥大学和牛津大学一样，都是英国最古老最著名的大学。英国不少有名望的教授都云集在这里，英国很多著名的学者、政治家也都从这里毕业。这是有

→英国剑桥大学三一学院

科学家卷 033

理想、有抱负、有才华的青年学生所景仰和向往的高等学府。

剑桥大学是一所综合性大学，它是由若干个学院组成的，三一学院是其中的一个最大的学院。

一个来自偏僻小城镇的中学生，成为赫赫有名的剑桥大学的合格的大学生，这是牛顿本人的幸运，也是他曾经就读过的中学的光荣。因此，临动身上大学那天，中学的老师和同学都前来祝贺，家属和亲友都为他送行。牛顿怀着依依惜别之情向亲人和朋友们话别，开始了挺进科学前沿的艰辛历程。

值得牛顿庆幸的，不仅是他有幸进入英国著名大学深造，而且他生逢欧洲自然科学风云际会的时代。

欧洲自然科学领域，曾被中世纪的教会统治的阴霾笼罩长达1000多年。在那长夜漫漫、黑暗阴森的日子里，反动的教会势力残酷地剥夺人们的思想自由，扼杀创造精神，一手制造了一个反科学、反文化、反文明的黑暗时期。

在这个时期，无数忠贞的科学卫士们，为了寻求和捍卫科学真理，曾付出了血的代价，他们有人被送进宗教裁判所，有的被投入了监狱，甚至有的被送上了火刑场。但是，星移斗转，乾坤变幻，在人类文明的编年史上又掀起了新的一页：一颗启明星驱散了中

→哥白尼

世纪末的黑暗,他的名字叫哥白尼。

哥白尼的太阳中心说首先吹响了向天主教宣战的号角。尼古拉·哥白尼出生于波兰的一个商人家庭。他天资聪颖,自幼勤奋好学。1491年就读于波兰克拉科夫大学,在那里便对天文学产生了浓厚的兴趣,并开始用仪器观察天象。后来,又赴意大利波隆那和帕多瓦等大学进修法律和医学。这期间,他在著名天文学家、人文运动的领导者诺瓦腊以及希腊古典著作的影响和启发下,逐渐地形成了太阳中心说的思想。经过30多年的苦心孤诣的努力,终于完成了6卷本《天体运行论》的巨著。他在该书的序言中曾旗帜鲜明地指出:对于那些"对数学一窍不通的无聊的空谈家会摘引《圣经》的章句加以曲解来对我的著作进行非难和攻击……我绝不予以理睬，我鄙视他们，把他们的议论视同痴人说梦，加以摒弃"。以此来表明鄙视传统观点，与之坚决对立的态度。

哥白尼的《天体运行论》一书的初版本

《天体运行论》一书的要点是：地球不是一个静止不动的天体，它也并不在宇宙的中心位置，从根本上否定了宗教的关于地球静止于宇宙中心的观点。该书第一次指出地球既能绕地轴自转，又能沿一定轨道绕恒星公转，它自转一周为一昼夜，公转一周为一年；太阳处于宇宙的中心，它就是驱使包括地球在内的几个行星绕其运动的恒星。

哥白尼的伟大成就，不仅打破了1000多年来一直占统治地位的"地心说"的宇宙观，引导人们向近代天文学跨进了一大步，而且开了从神学统治桎梏下解放自然科学的先河，他的那本勇于向宗教权威挑战的不朽著作，堪称自然科学摆脱宗教统治的独立宣言。

←哥白尼阐述的宇宙构造

经典物理学之父 **牛顿**

　　任何一个学说的确立，都需要有首创者和传播者以及发扬光大的后继者。太阳中心说的首创者是哥白尼，传播者是布鲁诺和伽利略，而它的后继者则是开普勒。

　　布鲁诺原是意大利天主教的一个修士，但是，由于他热爱科学，追求真理，而抨击教会的黑暗和经院学者们的虚伪，因此，屡被指控为离经叛道的异端分子。但他绝不屈服于宗教的威胁和迫害，他到处传播哥白尼的学说，同时也宣扬他的宇宙无限的思想。他认为，宇宙是无边际的，本无中心可言，若说有中心的话，那只能是相对的某个星系的中心，而绝不可能是宇宙的中心，比如，太阳是太阳系的中心，但它并不是宇宙的中心，宇宙中存在着许多像太阳系那样的由恒星和行星构成的星系。

→布鲁诺

　　由于布鲁诺的思想比哥白尼的更激进，因而也就使教会更恐惧和更仇恨。后来，教会通过诱骗的方式将其逮捕下狱，他在长达8年的监禁、审讯和拷问中，始终坚贞不屈。这种为捍卫真理而不

科学家卷　037

畏强暴的行为，后来在火刑场上再一次得到表现，并把它在烈火中升华为科学真理而英雄献身的精神。布鲁诺被送上宗教法庭为他设置的火刑场时，年龄只有52岁，那正是发挥创造才能的成熟时期。

← 布鲁诺被火刑处

　　如果说布鲁诺传播哥白尼学说的方式限于口头宣传和著书立说的话，那么伽利略则主要是以实验的方式验证与传播这一学说。伽利略于1609年制造了一架天文望远镜，用它观察天体时，能看到月球表面犹如地表上的高山大海般的起伏不平的现象，能看到木星周围有四个卫星，仿佛构成一个小太阳系；能够发现金星有盈有亏，以此可证明它运行于地球与太阳之间，这与哥白尼的看法并无二致。伽利略还看到太阳上有

经典物理学之父 **牛 顿**

← 伽利略

黑子，并从黑子出没的规律性推断出太阳能自转及自转的周期。所有这些成果都证实了哥白尼学说的正确性，同时也说明了天主教所宣称的地球是宇宙的中心的观点是一派胡说。他于1632年出版了《关于两种世界体系对话》一书，该书以拥护哥白尼学说为一方，以赞成托勒密体系为一方，两者以对话形式表述两种宇宙观的分歧，并以此来宣扬哥白尼的学说，同时也抨击深受教会推崇的托勒密的观点。

　　伽利略此举严重地触犯了教义的逆鳞，罗马教廷对此十分恼火，1633年判处他终身监禁，他的冤案沉没了350年之后，于1983年才得到了平反昭雪。

　　如果说布鲁诺和伽利略积极地传播了哥白尼学说的话，那么开普勒则完善与发展了这一学说。

　　开普勒出身于德国的普通军人家庭，靠宫廷资助读完了大学。虽然他在大学读书期间就接受了哥白尼学说，但是，在他成为第谷的助手和遗愿执行人之前，

科学家卷 039

对哥白尼学说可以说毫无贡献。他后半生对哥白尼学说的完善和发展，是与他的受业宗师第谷·布拉赫分不开的。

第谷·布拉赫作为丹麦宫廷的天文学家，一生处在优裕而平静的生活中，能够专心于天文学的观测工作。他为编制一个修订历法和指导航海所急需的新的星表，勤奋工作，积累了大量的观察资料。他耗费了21年的时间，获得了肉眼所及的空前丰富而又准确的天文资料。他逝世后，劳苦一生所获得的宝贵的资料便传到助手开普勒那里。

从此，开普勒便埋头于整理第谷留给他的大量的观察资料，同时，他还在寻找行星运行的规律。

开普勒绘制的多面体宇宙模型，模型体现了日月及五大行星的运行轨道。

经过多年的苦心研究，他终于发现了椭圆形的轨道是太阳系行星运动的真实轨迹，太阳不是位于圆形轨道的中心而是处于这些椭圆的焦点上。他进一步研究后又发现，行星绕太阳旋转的线速度不是均匀的，而是遵循面积定律，即单位时间内行星内径所扫过的面积相等。后来，他又发现任何两个行星公转周期的平方与两行星轨道长半径的立方成正比。这就是开普勒关于天体运行的三大定律的主要内容。

在古代和近代的天文学家们探讨宇宙本原和天体运动的规律的时候，似乎都不曾想到他们的研究工作在天文科学以外的意义。其实，以哥白尼为首的天文学领域的革命，对经典力学的发展和成熟起了巨大的推动作用。天文学对本领域的研究课题的进一步探讨，就必然要涉及经典力学领域的核心问题，比如，在开普勒发现了太阳系行星的运行规律后，行星运行的动力学的问题也就提到日程上来了：开普勒的关于天体运行的三大定律为什么会成立？维持太阳系存在的原因何在？

对这些问题的研究必将导致万有引力定律的问世。

天降大任于斯人也，正当有关天体本原和运行规律的问题激励也困扰欧洲的学术界时，牛顿来了，他来到科学圣殿——剑桥大学的大门口，要登堂入室了。

当从穷乡僻壤来的牛顿，置身于茶色的雄伟堂皇的剑桥大学的校舍门前时，他的千端思绪万般感慨，是描绘不尽的。

他按捺心头激动的狂涛,缓步地跨入美丽而壮观的校门。校门两侧是树影如盖的林荫路,路旁镶衬着绿茵茵的草坪,高高下泻的喷泉,使人感到这里的空气又湿润又清新,越发衬托出环境的幽静和典雅……牛顿的两眼应接不暇,这里的一切都使他感到新奇和振奋。然而,最吸引他的还是教堂和图书馆。

在学校的礼拜堂的墙壁上,挂着剑桥大学出身的各个领域的专家名人和学者的肖像;在图书馆四周摆放着曾在这所大学里攻读过的有名望学者们的大理石半身塑像。这些肖像和塑像是这所名牌大学优良传统的象征,它使后来者感到自豪与光荣。

"一些多么可敬的先辈呀!"牛顿感叹道,"我一定要努力奋斗,发扬你们的光荣传统!"

从此,牛顿便开始了顽强的学习。很快牛顿便发现,这里真是人才集聚、群英荟萃的地方。起初,尽管自己花费比别人多几倍的时间,可是成绩还赶不上人家,可是牛顿并不因此而气馁,他坚信自己通过艰苦的拼搏,成绩一定会赶上去的。经过他百折不挠的努力,他原来学习中的一门薄弱的课程数学终于赶上去了,为他后来的发明创造奠定了坚实的数学基础。

在大学三年级时,牛顿遇到一位对他学术事业起着重要作用的导师,他就是新任数学讲座巴罗教授。

经典物理学之父 **牛 顿**

此人是一位杰出的数学家、古典派学者，曾因反对克伦威尔的独裁统治而遭到政治迫害，长期流亡在欧洲大陆的意大利和德意志等国。他流亡中从未间断科学研究工作，后来，他把德、意、法等当时科学发达国家的先进科学引进国内，使剑桥大学沐浴了科学的新曙光。

　　巴罗发现牛顿具有研究自然科学的特殊才能，因此对他关心备至。他向牛顿介绍漫游欧洲的见闻，并向他推荐开普勒的《光学》一书。牛顿对发现天体运行三大定律的开普勒的名字早就有所耳闻，在导师的启发下，他对开普勒的光学和望远镜的制造技术产生了浓厚的兴趣。他一边读《光学》书籍，一边验证书本中的理论，为此他动手磨制棱镜和透镜，并用自制

→牛顿

科学家卷

的光学仪器来研究光线的折射现象。

本来牛顿从中学开始,就对周围的自然现象,例如行星和彗星的运动,潮汐的涨落,虹霓的颜色等自然景观,都非常感兴趣,现在又得到开普勒的《光学》和他的导师巴罗教授编写的《光学讲义》的教导和启迪,使他对上述自然现象越发感兴趣,他处心积虑地观察和思考,并千方百计地进行实验验证。

不久,巴罗发现牛顿对于数学也具有超群的才能,便鼓励他打好基础,学习经典的欧几里得几何学和笛卡儿的解析几何学。1665年初,在即将毕业的那个学年,牛顿发现并证明了有名的"二项式定理"。

这是一个很重要的数学公式,这个将任何次乘方的二项式展开成为一个级数的公式,在数学、物理和生物遗传学上都有广泛的应用。这一数学领域的伟大发现,是使那个来自武耳索普村曾饱受人歧视的贫弱孩子走向"伟大的牛顿"的开端,即使牛顿没有后来的一系列的伟大成就,仅凭这个发现就足以使他名垂史册。这一数学领域的伟大发现,也是使那个羞怯、孤独的穷学生满怀信心地走向社会,步入开放的人生之旅的开端。想当初,牛顿刚入剑桥大学时,由于家庭经济困难,交不起高昂的学食费用,他在注册时列为减费生。所谓减费生,按校方规定,这类学生须以

清洁、侍餐、送信等勤杂劳务以换取减免部分学食费用的报酬。不言而喻，在这贵族和富豪子弟云集的大学里，减费生自然要受人歧视的。因此，当时的牛顿自觉矮人三分，除了闭门读书外，很少与同学们交往。现在的情况不同了，他得到著名学者巴罗教授的青睐，并在数学领域有了重大的发现，这使他增强了人生的自信心，从此他告别了懦弱和羞怯，大胆地走向生活，开始参加同学们的交往，甚至连过去从不涉足的校园附近的酒店，偶尔也能发现他的踪迹，牛顿由封闭型的"纯个人"开始变成社会人了。这一年，牛顿年方22岁，正值人生风华正茂时期。

1665年，牛顿从剑桥大学毕业后，留在大学里继续从事研究工作，他正要一展宏图的时候，一场意外

↑XMM—牛顿望远镜

的天灾，使他不得不暂时中断在学校的研究工作。

原来这年6月，可怕的鼠疫在伦敦蔓延。剑桥大学当局担心瘟疫波及该校，便决定暂时关闭学校，把学生疏散到各地，一俟疫情过去再返校复课。于是，牛顿也只好回到故乡武耳索普村去。

人们有时会因祸得福。牛顿为避鼠疫在乡下老家待了1年零6个月，这对一个大学刚毕业的人来说，无疑地意味着既失学又失业(大学毕业后，巴罗教授曾为他谋一个领津贴的相当于现在研究生的"学侣"的位置)，那日子应说是很难过的。然而，牛顿却利用这段时间，在母亲为他安置的一间清静茅屋里，集中精力思考三大问题(微积分学、万有引力理论与光学)，为他后来在这三个领域取得震古烁今的伟大成就奠定了坚实的基础。

相关链接
XIANGGUAN LIANJIE

万有引力和光的秘密

牛顿23岁时，鼠疫流行于伦敦。剑桥大学为预防学生受传染，通告学生休学回家避疫，学校暂时关闭。牛顿回到故乡林肯郡乡下。在乡下度过的休学日子里，他从没间断过学习和研究。万有引力、微积分、光的分析等发明的基础工作，都是此期间完成的。

那时，乡下的孩子是常常用投石器打几个转转之后，把石抛得很远。他们还可以把一桶牛奶用力从头上转过，而牛奶不掉下来。

这些事实使他怀疑起来："什么力量使投石器里面的石头，以及水桶里的牛奶不掉下来呢？"对于这个问题，他曾想到开普勒和伽利略的思想。他从浩瀚的宇宙太空，周行不息的行星，广寒的月球，直至庞大的地球，进而想到这些庞然大物之间力的相互作用。这时，牛顿一头扎进"引力"的计算和验证中了。牛顿计划用这个原理验证太阳系各行星的行动规律。他首先推求月球距地球的距离，由于引用的资料数据不正确，计算的结果错了。因为依理推算月球围绕地球转，每分钟的向心加速度应是16米，但据推算仅得13.9米。在失败的困境中，牛顿毫不灰心和气馁，反而以更大的努力进行辛勤地研究。整整经过了七个春秋寒暑，到30岁时终于把举世闻名的"万有引力定律"全面证明出来，奠定了理论天文学、天体力学的基础。

这时期牛顿还对光学进行了研究，发现了颜色的根源。一次，他在用自制望远镜观察天体时，无论怎样调整镜片，视点总是不清楚。他想，这可能与光线的折光有关。接着就实验起来。他在暗室的窗户上留一个小圆孔用来透光，在室内窗孔后放一个三棱镜，在三棱镜后挂好白屏接受通过三棱镜折进的光。结果，大出意外，牛顿惊异地看到，白屏上所接受的折光呈椭圆形，两端现出多彩的颜色来。对这个奇异的现象，牛顿进行了深入的思考。得知光受折射后，太阳的白光散为红、橙、黄、绿、蓝、靛、紫七种颜色。因此，白光（阳光）是由红、橙、黄、绿、蓝、靛、紫七色光线汇合而成。自然界雨后天晴，阳光经过

经典物理学之父 **牛 顿**

天空中余下的水滴的折射、反射，形成五彩缤纷的虹霓，正是这个道理。

经过进一步研究，牛顿指出世界万物所以有颜色，并非其自身有颜色。太阳普照万物，各物体只吸收它所接受的颜色，而将它所不能接受的颜色反射出来。这反射出来的颜色就是人们见到的各种物体的颜色。这一学说准确地道出颜色的根源，世界上自古以来所出现的各种颜色学说都被它所推翻。

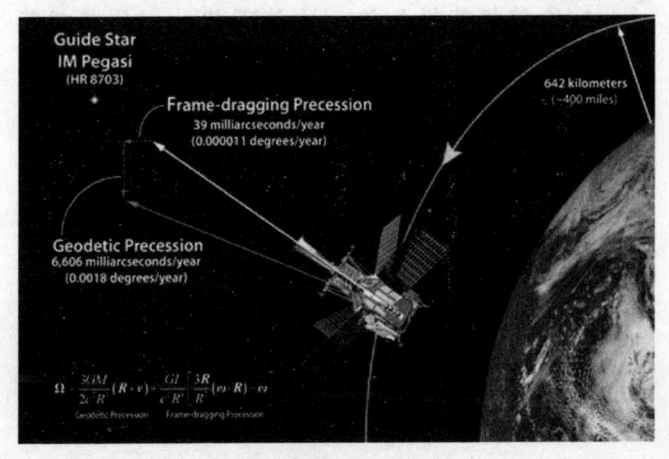

引力探测器GP-B

科学家卷

相关链接

牛顿名言警句

1. 如果说我所看的比笛卡儿更远一点，那是因为站在巨人肩上的缘故。

2. 无知识的热心，犹如在黑暗中远征。

3. 你该将名誉作为你最高人格的标志。

4. 我的成就，当归功于精微的思索。

5. 你若想获得知识，你该下苦功；你若想获得食物，你该下苦功；你若想得到快乐，你也该下苦功，因为辛苦是获得一切的定律。

6. 聪明人之所以不会成功，是由于他们缺乏坚韧的毅力。

7. 胜利者往往是从坚持最后五分钟的时间中得来成功。

8. 我不知道世人怎样看我，但我自己以为我不过像一个在海边玩耍的孩子，不时为发现比寻常更为美丽的一块卵石或一片贝壳而沾沾自喜，至于展现在我面前的浩瀚的真理海洋，却全然没有发现。

经典物理学之父 **牛顿**

天才科学家

所谓天才人物指的就是具有毅力的人、勤奋的人、入迷的人和忘我的人。
——木村久一

谈到万有引力定律，人们自然会想到牛顿这个名字。同样也会想到那个家喻户晓的苹果落地启发他发明的故事。

他在23岁那年，有一天正在苹果树下读书，忽然看见一只苹果从树上落下来，当时他正凝神思索天体运动的问题。这只落地的苹果使他灵感顿发，领悟了地球对物体有引力，进而他又把这种引力推广到天体之间，从而发现了万有引力定律。

这件事的可靠

性如何姑且莫论，像万有引力这样重大的定律的发明，不仅不是凭瞬间的"顿悟"所能完成的，而且即使凭一个人终生的努力也是难以完成的。科学的火炬是世世代代连续传递的，牛顿所以能发现万有引力定律以及后来完成了对经典力学的综合，是与下列的闪光的名字以及他们的业绩分不开的。他们是胡克、哈雷、瑞恩、惠更斯，还有前文提到的伽利略和开普勒，他们的研究工作都涉及行星运动时力的来源及变化规律的问题，这些问题的圆满答案自然是牛顿的万有引力定律。

我们在中学时代所学到的力学三定律和万有引力定律，是牛顿在前人研究工作的基础上，经过整理和综合提出来的。第一定律是关于物体的惯性定律；第二定律是关于物体所受的力与其质量和加速度成正比；第三定律是关于物体的作用与反作用的定律。而万有引力定律则说明宇宙万物间都存在着引力，此引力的大小与相吸引的两物体的质量乘积成正比，与两物体的距离平方成反比。牛顿的这些成就集中地反映在1687年出版的《自然哲学之数学原理》一书中。在这部重要著作中，不仅对宇宙体系进行了深刻的分析，而且全面地完成了经典力学体系。

《原理》一书的结构是这样的：在序言部分，着重说明了研究理论的目的和方法，这就是"从运动的现象去研究自然界中的力，然后从这些力去说明其他现象"。在该书正文的前两篇中，首先建立了有关惯性、质量、力、向心力、离心力、时间、空间等基本概念，随后又用定性和定量的方法，叙述了运动的基本定律——牛顿力学三定律，并用演绎的方法推演出万有引力定律、流体静力学和流体动力学等各种定律。第三篇则是力学定律的具体应用，用这些定律去解释天体运行状态、地球潮汐的成因以及岁差现象等。

　　牛顿的《原理》一书，为后世提供了一个简明、完整而又奇妙的思想结构：运动同力紧密地联系在一起，两者在时间系列上存在着因果关系；在自然界中的任何运动状态，都是整个因果链条中合理的一环，而且这种

→ 自然哲学之数学原理

运动状态的过去、现在和未来与力的对应关系,都可以用数学的方程式精确地表示出来。在牛顿的力学中,运动状态只与力的大小和方向相对应,而与时间并无直接关系,一个物体过去的运动状态有时与现在和未来的状态完全相同(如静止的和做匀速运动的物体),有的可以由今天的状态回归到昨天的状态,只要该物体受到一个大小适度方向相反的力的作用就可以了。由此可见,在牛顿的力学中,如果作用在物体上的力的大小和方向不变,那么状态并不打上时间的标记,那运动状态是永恒的,过去是什么样,现在就是什么样,而且将来也是这个样。但是,这种运动状态的含义是而且仅仅是指某物质整体相对位移而言的,它不包含物体内部由于存在一种时刻都在破坏整体秩序的力而引起的状态变化。这种变化时时刻刻都在发生,它成为一种计时的"时钟",每种状态都打上时间的标记,从这个意义上讲,物体永远也无法回归过去,物体的状态是不可逆的。这正是牛顿力学所无法解决的问题,关于这点我将在下文有关章节详细述及。

牛顿的《原理》在科学方法论上具有重要的意义,尤其是在发展与完善科学归纳法方面做出了重大的贡献。众所周知,从特殊事实中概括出一般原理的推理形式和思维方法称为归纳法。这种方法的实质是,从

经典物理学之父 **牛 顿**

个别的、单一的事物的性质、特点和关系中，概括出一类事物的性质、特点和关系，并且由不太深刻的一般，到更为深刻的一般，由范围不大的类到范围更广的类的一种推理方法，它是人们从已掌握的客观事实中，概括出一般科学原理的重要方法。这种科学方法之所以成立，一方面是因为在客观事物中，总是个别包含着一般，或者说一般存在于个别之中，故而同类事物存在着相同的一般属性、关系和本质；另一方面还因为在客观世界中，原因和结果之间存在着必然的联系，这就是说，世界上绝没有无原因的结果，有结果就必然有原因。

归纳法的三种类型(完全归纳法、枚举归纳法和科学归纳法)在牛顿构建经典力学体系的过程中都被成功地运

用过。

所谓完全归纳法,是指观察、研究了某一类事实中每一个都具有某一属性,进而推断出该类全体都有某一属性的归纳方法。这种归纳方法由于考察一类对象中的每一个事物,因此它的前提是结论的充足理由,结论是必然的。例如"圆周角等于它所对的圆心角的一半",要证明这个定理必须分三种情况:一是圆心在两边之间;一是圆心在一边之上;一是圆心在两边之外。这三种情况都获得了证明之后,这个定理就得到了完全的证明。完全归纳法虽然不是始于牛顿,却是被他经常运用并加以完善的,他认为"物体属性,凡既不增强也不能减弱者,又为我们实验所能及的范围内的一切物体所具有者,就应视为所有物体的普遍属性"。这种归纳方法至今在日常生活和科学实验中还广泛地应用着。

所谓枚举归纳法,是指观察、研究某类中一些事物有某种属性,就推论该类全体也有某种属性的归纳法。这种归纳法的根据是在所观察到的一些事实中没有遇见相反的事实,但是因为它没有考察同类的所有事物,因此它的前提只是结论的不充足的理由,或者说结论只能是或然的。牛顿认为:"在实验物理学中,我们必须把那些从各种现象中运用一般归纳而导出的

命题看作是完全正确的，或者是非常接近于正确的，虽然可以想象出仅仅与之相反的假说，但是没有出现其他现象足以使之更为正确或者出现例外以前，仍旧应当给以如此的对待。"可见牛顿也是信奉枚举归纳法的。

所谓科学归纳法，是指根据观察或实验分析出某一类事物中的一些事物所以有某种属性的原因，然后概括出一般性结论的一种归纳方法。这种归纳方法是以对某类部分对象的必然属性或必然联系的认识为基础的。由于原因和结果之间存在着必然的联系，所以有某一原因必然会产生某一结果，这样的结论是确实可靠的，在科学上就表现为定律。牛顿在其研究工作中，"对于自然界中同一类结果，必须尽可能归之于同一种原因"，这已成为他发现力学定律所常用的科学方法。

牛顿在发现力学定律的过程中，虽然更多地利用了归纳法，但是，在认识的全过程中，他也不可避免地涉及演绎法。在人们的认识程序上，演绎法看问题的方式刚好与归纳法相反，它是从一般到特殊，根据一类事物都有的一般属性、关系和本质，来推断该类中的个别事物所具有的属性、关系和本质的推理形式和思维方法。演绎法在科学研究中有着重大的意义，它不仅可以使人们获得新的知识，而且也可以帮助我们论证或反驳某个错误的结论或命题。

在科学史上，曾有过不少重大的发现，显示了演绎法的强大的威力。上文提到的，伽利略发现自由落体的运动规律，就是运用演绎法的一个成功实例。亚里士多德曾断言：物体从高空下落的运动"快慢与其重量成正比"，即重物比轻物落得快些。伽利略利用演绎法进行了简单的推论，就推翻了那个延续了1800多年的错误结论。

关于这个问题前面已经提及，为了更清楚地说明演绎法的驳论威力，这里将伽利略驳倒亚里士多德的关于自由落体运动的错误结论再复述一遍：伽利略假设两物体A比B重，按亚里士多德的看法，可推知A比B先落地；现在他把A和B绑在一起，成为一个重量为A+B的物体；因为A+

← 比萨斜塔

B比A重，它应该比A落得快；另一方面，A比B落得快，或者说B比A慢，两者绑在一起构成的整体的平均速度，应该比A单独运动的速度慢，即B滞缓了A的运动。这样一来，说明亚里士多德的结论是自相矛盾的。逻辑的结论只能是所有物体不论轻重，下落的速度都相同。后来人们在真空环境里做了同样的实验，证明了这个结论的正确性。

由于归纳法与演绎法是对应的、方向相反的两种认识方法，所以它们在人类认识过程中，各有其特定的作用和地位。当人们在认识了许多个别和特殊的事物之后，进而需要从中得出一般认识的时候，就要运用归纳法。比如，当牛顿受苹果落地这一个别事例的启发，联想到许多物体从高处下落的事例，从而得出地心对万物具有引力的结论。当人们在认识了一般的规律之后，又去研究特殊的、个别的事物的时候，就需要运用演绎法。比如，当牛顿发现了地球对人们所熟悉的身边的物体都具有引力，那么他进一步推论，地球对日月星辰一定具有引力。这种由一般结论向个别事物的合乎逻辑地推广，将导致更大范围的归纳，万有引力定律就是在这样的思维演化过程中萌生的。

除了归纳和演绎的方法之外，牛顿在其科学研究过程中，还十分重视分析和综合的方法，并且将这些方法融会贯通于一个科学研究过程。牛顿指出："在自然科学里，应该像在数学里一样，在研究困难事物时，总是应当先用分析的方法，然后才用综合的方法。这种分析方法包括做实验和观察，用归纳法去从中做出普遍结论，并且不使这些结论遭到异议，除非这些异议来自实验或者其他可靠的真理方面。……用这样的分析方法，我们就可以从复合物论证到它们的成分，从运动到产生运动的力，一般地说，从结果到原因，从特殊原因到普通原因，一直论证到最普遍的原因为止。这就是分析的方法；而综合的方法则假定原因已经找到，并且已把它们确立为原理，再用这些原理去解释由它们发生的现象，并证明这些解释的正确性。"

牛顿在这里所提到的分析方法，从根本上说，是个由表及里，由现象到本质的认识过程；也可以说，分析就是把整体分解为各部分，并且认识各个部分的特性和关系的一种思维方法。与此相对的综合方法，就是在思维活动中，将已有的关于客观对象各个部分、方面、特性和因素统一起来，形成对客观对象整体的认识

思维方法。这里所说的综合并不是简单的相加和堆砌，而是按着事物各部分的原有的关系、原有的特性有机地结合起来，使之成为一个有机的整体，这个整体能体现出这个整体所固有的功能。正如牛顿所说的，在对客观事物进行研究时，一般的程序是先分析而后综合。不过，在认识过程中，分析与综合是相互依存的：没有分析就不可能有科学意义上的综合，因为没有分析就得不到反映对象的各个部分、方面、特性和因素的抽象规定，综合就失去了依据；反过来，分析也依赖于综合，分析是以某种完整的未加分析(指该对象物整体结构未经改变)的客观对象物为参照系，以从前某种综合成果为指导进行的。

总之，牛顿是经典力学的集大成者，他总结了天体力学和地球上力学的成就，建立了经典力学的概念系统，提出了运动定律和万有引力定律，使经典力学臻于成熟，堪称人类对自然界认识的在机械运动层次上的一次综合。与此同时，他在科学方法的发展史上也为后人树立起一座丰碑。

相关链接

剑桥大学的传奇　牛顿的苹果树依然活着

1642年的圣诞节，牛顿诞生于此。他是遗腹子，而且早产，两位助产婆断定这个不到3斤重的婴孩活不了两天。他的母亲以后常对牛顿说："你出生时小得可以放在一夸脱的杯子里。"

前往寂寞的农庄，越过坡道、溪流和树林的静谧乡间，那棵将近四百年的老树维持着原始的格局。周围散落着简朴的红瓦农舍。天空很蓝，人影全无。相信在牛顿逝世之后，那苹果树依然寂寞地开花，所结的果实依然被风吹落，化为泥土。它并不知道在它的绿荫下曾经有过改变世界的伟大时刻。

现在，剑桥三一学院的牛顿花园旧址也栽有一棵苹果树，它是从牛顿的故乡移植的。而在武耳索普庄园，1820年的一场暴风雨刮倒了那棵苹果树，它已消失在历史的尘埃中。

不管是当年还是现在，钟情于那棵树的人都不算少数。据说当年它被暴风雨刮倒后断成数截，很多人都跑去从它上面折下枝条拿回去扦插栽培。还有一些人对此树的研究考证可谓费尽心血。尽管按照植物学家的看法，一般苹果树即便正常生长，其寿命也不过百年。

尽管如此，英国约克大学的基辛博士近年来却提出新论，他认为"牛顿的苹果树"很可能依然在它原先的地点老树发新枝，继续生长。

基辛博士认为"牛顿的苹果树"依然存活的主要依据是偶然获得的武耳索普庄园保留下的一张18世纪素描。草图上描绘了在被暴风雨刮倒之前，"牛顿的苹果树"当年所处的地点和周围环境，基辛博士"按图索骥"来到画中所描绘的现实地点后，惊奇地发现了与图中非常相似的一棵苹果树。这棵树不仅与图中区别不大，而且还抽出新芽。一旦这种说法得到证实属实，那这棵苹果树应该已持续生长350多年。

→ 三一学院里的"牛顿苹果树"

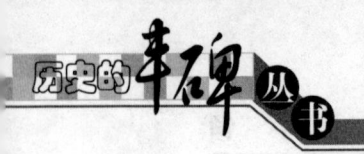

相关链接
XIANGGUAN LIANJIE

苹果砸中牛顿只是传说

世界上最著名的苹果树生长在哪里？答案是在伟大的英国科学家艾萨克·牛顿家花园里。牛顿被一个从树上掉落的苹果砸中脑袋，受到启发发现万有引力定律。这个故事流传已久，但事实究竟如何？英国皇家学会为纪念成立350周年，在其网站公布7份历史文献手稿，其中一份牛顿回忆录记录了正版"牛顿与苹果树"的故事。

好友写下故事原貌

《艾萨克·牛顿爵士生平回忆录》文献长180多页，由牛顿的好友、与他同时代的物理学家威廉·斯蒂克利写成。回忆录于1752年出版，手稿珍藏在英国皇家学会档案馆，过去只用于学术研究，18日首次在网上与公众见面。

1726年春季的一天下午，已步入晚年的牛顿在与斯蒂克利闲谈时说起一段往事，这就是"牛顿与苹果树"故事的根源。斯蒂克利在回忆录中有如下记述：

"吃过饭后，由于天气暖和，我们俩来到花园，在几棵苹果树下的阴凉处喝茶。在众多话题中，他(牛顿)告诉我，先前'万有引力'思想开始在他脑海里浮现时恰好也是这样的情形。"

"当时他正在冥思苦想，突然一个苹果从树上掉下来。他想：为什么那个苹果要垂直向下落到地面上？为什么它不斜着下落或飞到天上，而是始终朝着地心的方向？毫无疑问，原因就是地球在吸引它。"

牛顿曾给趣事润色

英国广播公司(BBC)18日援引英国牛津大学三一学院历史学名誉教授马丁·肯普的话报道："牛顿和苹果的故事多年之后终于真相大白。原来它是后人根据牛顿和斯蒂克利的一段对话'演绎'而来。"

"牛顿并没有被苹果砸中脑袋，而是看到苹果落下，"他说，"这个偶然事件令牛顿投身于一项本来可能被搁置的研究。"

英国皇家学会图书馆和档案馆馆长基思·摩尔说："这段趣事显然经牛顿本人润色。不仅如此，后人也不停地添油加醋，使故事中的牛顿更加人性化。"

机械自然观

> 理论只要说服人,就能掌握群众;而理论只要彻底,就能说服人。
>
> ——马克思

自然科学的发展水平与唯物主义自然观的层次是密切相关的,与经典力学所对应的是机械唯物主义。这种自然观坚持按照自然界的本来面貌认识世界,坚持科学真理,坚持以观察和实验所获得的资料为判断真理的依据,主张摆脱神学的桎梏和经院式的思辨的方法。当时的大科学家从哥白尼、伽利略到牛顿,在其研究领域都是唯物主义者,不过这种唯物主义带有明显的机械论和形而上学的特征。

这种机械唯物主义自然观的产生,与当时自然科学发展水平是分不开的。那时经典力学在各学科领域中居于领先的地位,这种情况既与当时的生产水平有关,又与当时认识能力一致。人类对客观世界的认识,总是由浅至深,由低级走向高级,从简单走向复杂。在各种形式的运动(诸如,机械运动、化学运动和生命运动等)中，机械运动正是最浅显、最低级和简单的形态，因此力学在近代自然科学中最先发展起来，是不足为怪的。

从人类认识规律来看，总是以已知的知识为工具去发掘未知的领域。由于力学在说明和解释自然现象时所获得的巨大的成功，这必然提高这门学科的地位，使之上升为带头学科。于是人们便积极地将经典力学理论引入其他科学领域，用力学的机械运动模型去类比其他复杂运动形式，把力学中的外作用照搬过来，变成了否认事物内部矛盾的机械的外因论，认为所有的自然现象都与某项力有关。这是形而上学的自然观的主要特征之一。

此外，机械唯物主义自然观的形成与近代科学研究方法密切相关。在自然科学发展的初级阶段，人们首先把注意力集中在个别事物本质的确认上，即对事物进行孤立的、静止的考察，然后再分门别类地加以整理。这种研究方法注重事

→恩格斯

←《反杜林论》

物的静态性质，较少地关注事物的动态变化；注重事物的单独确认，较少地关注事物的互相联系。恩格斯在其名著《反杜林论》中，曾对近代科学研究方法给予极为确切的评价：

"这种做法也给我们留下了一种习惯：把自然界的事物和过程孤立起来，撇开广泛的总的联系去进行考察，因此就不是把它们看作运动的东西，而是看作静止的东西；不是看作本质上变化着的东西，而是看作永恒不变的东西；不是看作活的东西，而是看作死的东西。"

在这种习惯的基础上便逐渐地演化为形而上学的自然观。

这种自然观的核心就是自然界绝对不变的观点。这种观点认为，宇宙中的日月星辰，地球上的动植矿物，过去如此，现在如此，将来仍是如此，一切都不会改变；如果说有改变的话，那也只限于在外力作用下，物体发生位置的移动。显然，这种自然观是一种不彻底的唯物主义。尽管如此，它毕竟是以物质原因来解释各种自然现象，因而在反对宗教神学的斗争中，为使自然科学从神学的桎梏下解放出来，起了积极的作用。同时，对近代自然科学的发展曾起到巨大的促进作用。

但是，长期以来，自然科学家过于笃信这种自然观，认为用力学的观点去描绘宇宙图景是唯一正确的方法，普遍按照机械论的观点去认识世界。然而，任何理论、观点和方法，过于权威化、流行化和神圣化，都会变成窒息人们创造思想的准宗教信条。18世纪盛行的机械唯物主义自然观也是如此，它严重地束缚自然科学家的思想，在一定程度上又阻碍了自然科学的发展。机械的自然观让人们确立起这样一种观念：一切自然现象都可以用力来解释；用牛顿的力学定律便可以解决一切科学问题。但是，事实上许多自然现象用机械论的观点是难以解释的，比如，起初天体是怎么运动起来的？各式各样的物种是怎么产生的？各种各

样的运动形态是怎么转化的?还有那神奇的生命和生命现象是怎么发生的?……这些问题都使经典力学家们感到万分为难,如果要打破砂锅问到底的话,那只好去求助于造物主的智慧,让他给天体以"第一推动力",让他给地球撒下生命的种子,让他给宇宙安排最后的归宿。这样一来,刚刚做了神学叛逆的自然科学家们,又被宗教所"招安",纷纷投到神的怀抱。

其实,真正对牛顿的经典力学提出严重挑战的,还不仅限于来自其他学科领域的各种难题,并且导致经典力学危机的主要不是这些难题,而是牛顿经典力学所涉及的对象物的尺度、时空和状态存在问题。后人对这些问题进行深入研究,在科学史上又写下了新的篇章,这标志着现代科学的开始。

←牛顿

相关链接
XIANGGUAN LIANJIE

经典力学

经典力学的基本定律是牛顿运动定律或与牛顿定律有关且等价的其他力学原理，它是20世纪以前的力学，有两个基本假定：其一是假定时间和空间是绝对的，长度和时间间隔的测量与观测者的运动无关，物质间相互作用的传递是瞬时到达的；其二是一切可观测的物理量在原则上可以无限精确地加以测定。20世纪以来，由于物理学的发展，经典力学的局限性暴露出来。

基本定律

牛顿第一定律

一切物体在没有受到外力作用或受到的合外力为零时，它们的运动保持不变，包括加速度始终等于零的匀速直线运动状态和静止状态,直到有外力迫使它改变这种状态为止。

牛顿第二定律

物体的加速度与所受外力成正比，与物体的

质量成反比，加速度的方向与合外力的方向相同。公式：F（合）=kma【当F（合）、m和a采用国际单位制N、kg和m/s2时，k=1】

牛顿第三定律

两个物体之间的作用力与反作用力大小相等，方向相反，并且在同一条直线上。

万有引力定律

自然界中任何两个物体都相互吸引，引力的大小与物体（质点）的质量乘积成正比，经典力学与它们之间距离的平方成反比。公式：F(n)=(GMm)/r²

基本假定

第一个假定：假定时间和空间是绝对的，长度和时间间隔的测量与观测者的运动无关，物质间相互作用的

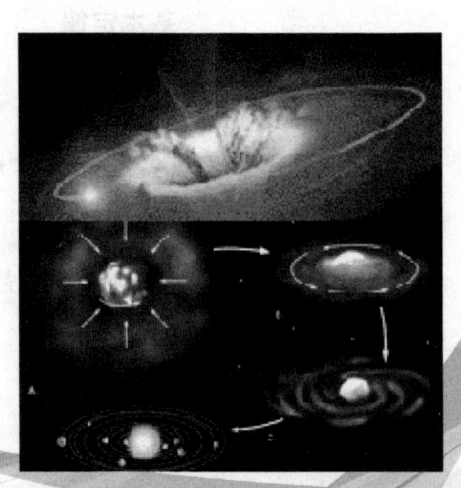

经典物理学之父 **牛 顿**

传递是瞬时到达的。

由此可知，经典力学实际上只适用于与光速相比低速运动的情况。在高速运动情况下，时间和长度不能再认为与观测者的运动无关。

第二个假定：一切可观测的物理量在原则上可以无限精确地加以测定。

由此可知，经典力学只适用于宏观物体。在微观系统中，所有物理量在原则上不可能同时被精确测定。因此经典力学的定律一般只是宏观物体低速运动时的近似定律。

应用范围

它在许多场合非常准确。经典力学可用于描述人体尺寸物体的运动（例如陀螺和棒球），许多天体（如行星和星系）的运动，以及一些微尺度物体（如有机分子）。

经典力学的完善

牛顿力学的辉煌成就，决定着后来物理学家的思想、研究和实践的方向。《原理》采用的是欧几里得几何学的表述方式，处理的是质点力学问题，以后牛顿力学被推广到流体和刚体，并逐渐发展成严密的解析形式。

1736年，欧拉写成了《力学》一书，把牛顿的质点力学推广到刚体的场合，引入了惯量的概念，论述了刚体运动的问题。

牛顿在他的巨著《自然哲学的数学原理》里发表了三条牛顿运动定律：惯性定律，加速度定律，和作用与反作用定律。他示范了这些定律能支配着普通物体与天体的运动。特别值得一提的是，他研究出开普勒定律在理论方面的详解。牛顿先前已创发的微积分是研究经典力学所必备的数学工具。1738年，伯努利出版了《流体力学》，解决了流体运动问题；达朗贝尔进而于1743年出版了《力学研究》，把动力学问题化为静力学来处理，提出了所谓达朗贝尔原理；莫培督接着在

1744年提出了最小作用原理。把解析方法进一步贯彻到底的是拉格朗日1788年的《分析力学》和拉普拉斯的《天体力学》(在1799～1825年间完成)。前者虽说是一本力学书,可是没有画一张图,自始至终采用的都是纯粹的解析法,因而十分出名,运用广义坐标的拉格朗日方程就在其中。后者专门用牛顿力学处理天体问题,解决了各种各样的疑难。《分析力学》和《天体力学》可以说是经典力学的顶峰。在分析力学方面做出杰出贡献的还有其他一批人,他们使经典力学在逻辑上和形式上更加令人满意。就这样,经过牛顿的精心构造和后人的着意雕饰,到了18世纪初期,经典力学这一宏伟建筑巍然矗立,无论外部造型之雅致,还是内藏珍品之精美,在当时的科学建筑群中都是无与伦比的。经典力学正确地反映了弱引力情况下、低速宏观物体运动的客观规律,使人类对物质运动的认识大大地向前跨进了一步。20世纪末后,不再能虎山独行的经典力学,已与经典电磁学被牢牢的嵌入相对论和量子力学里面,成为在非相对论性和非量子力学性的极限,研究质点的学问。

生命转折点

> 智者千虑，必有一失；愚者千虑，必有一得。
>
> ——司马迁

牛顿在剑桥大学30多年(1661—1696)的时间里，度过了他的人生最鼎盛时期。这期间，他发现了万有引力定律，建立了天体力学的理论体系，把天体的运动与地球上物体的机械运动统一起来，把人类对宇宙的认识提高到一个新的阶段。

这期间，他总结出了机械运动的3个基本定律，建立了经典力学的理论体系，为机械运动问题的解决奠定了理论基础。

这期间，他在光学领域做出了很大贡献，他分解了日光，发现了光色的秘密，发明了反射式望远镜，大大提高了人类探寻自然奥秘的视野和观察宇宙现象的能力。

这期间，他在数学领域也做出了很大的贡献，他发现了二项式定理，创立了微积分，为近代自然科学

经典物理学之父 **牛 顿**

研究的定量化和工程技术开发的精确化提供了完美的数学工具。

牛顿同时在几个领域里做出这些伟大的科学发现,为科学史册填写了新的篇章,开创了近代自然科学发展的新纪元。

著名的三一教堂。如今在教堂的前厅,设立了一个名人堂,摆放着六尊栩栩如生的石雕像,他们就是被誉为三一之子的牛顿、培根、巴罗(牛顿的老师)、麦考莱、魏伟尔和丁尼生。

这些成就都是牛顿在剑桥大学30多年清静的研究生活中取得的,如果这种隐士般的研究生活能继续下去的话,那么,我们有理由相信:牛顿会在原有成就的基础上锦上添花的。然而,1696年3月,一封来自伦敦官场的信件,却使牛顿的生活和事业发生了骤然的改变。信中写道:

先生:

我非常高兴,因为我终于能向您证明我的

科学家卷 077

友谊以及国王对您的功绩的赏识。造币厂监督奥弗顿先生被任命为海关监督。国王已应允我任命牛顿先生为造币厂监督。这个职务对您非常合适,年俸为五六百镑,事情不多,不会让您多费心的。……

当时,英国王室总想给年事已高的名人学者弄个一官半职,以提高其社会地位,同时也平添一点儿政治摆设。因此,牛顿的一些在官场的同窗好友,早就想给他谋个合适的位置。

后来,这种机会终于来了。造币厂的监督有了空位,于是身为财政大臣的剑桥大学的老同学蒙特格,出于对他的友好关怀,便让他来弥补这

牛顿背后的墙上刻有三一学院所有获得诺贝尔奖提名者的名字,密密麻麻。

个肥缺。于是牛顿早在300年前，就为我们开了科学家从政的先河。

牛顿对造币厂监督的官职欣然接受，并立即赴伦敦上任。如他的同学蒙特格在信中介绍的那样，这是一项"事情不多，不会让您多费心的"闲差，但是对于办事一向严肃认真的牛顿来说，从来就没有可以敷衍了事的轻松的工作，加之当时英国的货币制度非常混乱，在国内造成物价高涨，在国际上造成货币信誉下降，因此，他对这项工作更不能有丝毫疏忽和怠慢。

牛顿首先着手抓回收旧币另铸新币的工作，这是一项异常复杂而又艰巨的任务。出人意料的是，像牛顿这样的惯于理性思维的学者，在公务上也表现出非凡的才干和组织能力。

当时造币厂的职员和王朝的官吏贪污成风，牛顿作为币制改革的组织者和领导者，既需要有知识和才干，又需要有公正廉洁的品质。一些有来头的人常以重金贿赂牛顿，指望他能为他们营私舞弊大开绿灯，否则，便以诬告和恫吓威逼之。牛顿则全然不理这种软硬兼施的伎俩，严格地秉公执法，与社会习惯的恶势力作坚决的斗争。

同时，牛顿还运用他的科学知识，对机器运转、熔铸速度、金银纯度检查与配制等技术一再加以改进，使

← 伦敦塔桥

每周制币量由 15 000 镑增加到 6 万镑乃至 12 万镑。在不到两年时间内，便完成了英国币制改革的任务。

牛顿出任造币厂监督不久，便移居至伦敦。这时他已经 54 岁了，但仍未娶妻。由于做了官，应酬和交往也多了，因此，得适当地改变一下以往的那种离群索居的生活方式。所以，就把他的外甥女凯瑟琳叫来，帮助他料理家务。两年后凯瑟琳和造币厂的康都特结婚，这对新婚夫妇仍然和牛顿住在一起。

牛顿虽然这时仍是一个单身汉，但却享受到天伦之乐，宾朋之谊。牛顿的交际圈子不断扩大，经常高朋满座，比如，文学家斯威夫特、法国流亡者伏尔泰、政治家蒙塔古等常来牛顿家聚餐、喝茶。

自从就任造币厂监督以后，由于忙于公务，从前的研究课题以及在大学的教学工作，难以继续进行下去了，同时为了给后继人让路，他主动辞了曾担任了30多年的剑桥大学鲁卡斯数学讲座教授职务，由惠斯顿正式接任。

但是，牛顿从事科学研究的志趣毫不衰减，只不过这个时期他的研究领域更宽泛，课题略显零乱些罢了。比如，他制订了一个优秀的历书的修改方案，研究了确定温度刻度的方法，并在观察分析物体冷却时的现象基础上，发现了以他的名字命名的冷却定律。此外，牛顿还涉猎了年代学、神学、炼金术等领域的研究课题。

此期间，牛顿虽然在科学研究方面也取得了一些零星的成果，但是，却没有取得堪与从前重大发明相媲美的成就；然而，此时却是他从前播下的辛勤的种子和所取得科研成果，为他赢得声望和荣誉的时期。

1699年牛顿被选为法国科学院外籍院士；1703年被选为英国皇家学会会长，曾连任24载，直至他逝世；1705年英国女王安娜及其夫乔治亲王亲临剑桥大学，授予牛顿骑士勋爵，他是获此殊荣的第一个自然科学家。总之，牛顿的晚年，是在充满荣誉和财富的光环下、在崇敬和赞扬声中度过的。

1722年，牛顿在80高龄时，患了风痛、肾病和膀胱结石。据考证，牛顿曾在多次科学实验中，为了掌握物质的属性，品尝过铅、汞、锑等金属及其化合物，研究者从他的头发成分分析中发现，含有过量的铅、汞、锑等重金属，由此可以断定，他的病症是由于长期的重金属中毒所致。

1726年《原理》第三版印出时，牛顿预感到自己的生命好像快到尽头了，可是他还想完成他长期以来就着手编写的神学著作。

1727年2月28日，牛顿自觉健康有所恢复，认为他还有精力去伦敦散散心，并主持了3月2日的皇家学会大会。由于会议的劳顿，病势又加重了。3月4日返

← 暮色中的威斯敏斯特教堂

回肯辛顿。

1727年3月20日黎明之前，牛顿在安眠中仙逝了，享年85岁。

这位科学伟人，在他60多年的研究生涯中，在人类文明发展的长途中，树立了不朽的丰碑。3月28日他的遗体由肯辛顿运到伦敦，并以国葬礼仪埋葬在威斯敏斯特教堂的荣誉公墓里，他的恩师巴罗就长眠在这里。后来，在牛顿墓的周围又陆续地云集着一颗颗陨落的科学巨星，他们是法拉第、麦克斯韦、开尔文、达尔文、赫舍尔、卢瑟福和汤姆逊等。

牛顿在临终前，曾以一句发人深省的话来评价与概括自己的一生，他说：

"我不知道在别人看来，我是什么样的人，但在我自己看来，我不过就像是一个在海滨玩耍的小孩，为不时发现比寻常更为光滑的一块卵石或比寻常更为美丽的一片贝壳而沾沾自喜，而对于展现在我面前的浩瀚的真理的海洋，却全然没有发现。"

那么，在别人看来，牛顿是什么样的人呢？现代物理学泰斗爱因斯坦赞叹道：

"牛顿啊……你所发现的道路，在你的那个时代，是一位具有最高思维能力和创造力的人所能发现的唯一道路。你所创造的概念，即使在今天仍然指导着我们的物理学思想……"

数学家拉格朗日赞扬牛顿的《原理》是人类心智最高的成就；数学家拉普拉斯则称颂牛顿的《原理》是人类智慧产品中最卓越的高峰；作家伏尔泰说：将世界的一切天才放在一起，牛顿应该是他们之中的佼佼者……

在牛顿的墓碑上铭刻着这么一句话：

"人们啊，欢欣吧！人类中曾经出现了这样伟大的一个光荣。"

伟大的牛顿的出现，实在是人类的光荣与骄傲！

← 威斯敏斯特教堂里的牛顿墓

相关链接

进入忘我的境界

在一个崎岖的山路上，一位白发苍苍的老人牵着一匹马在缓缓登山。人在前面慢慢地走，马在后面一步步地跟，山谷中响着单调的马蹄声。走啊，走啊，马突然脱缰而跑，老人由于沉浸在极度的思索之中，竟没有发觉。老人依然不畏艰难地登着山，手里还牵着那根马缰绳。当他登到较平坦的地方想要骑马时，一拉缰绳，拽到面前的只是一根绳，回头一看马早已没有了。

牛顿每天除抽出少量的时间锻炼身体外，大部分时间是在书房里度过的。一次，在书房中，他一边思考着问题，一边在煮鸡蛋。苦苦地思索，简直使他痴呆。突然，锅里的水沸腾了，赶忙掀锅一看，"啊！"他惊叫起来，锅里煮的却是一块怀表。原来他考虑问题时竟心不在焉地随手把怀表当作鸡蛋放在锅里了。

还有一次，牛顿邀请一位朋友到他家吃午饭。他研究科学入了迷，把这件事忘掉了。他的用人照例只准备了牛顿一个人吃的午饭。临近中午，客人应邀而来。客人看见牛顿正在埋头计算问题，桌上、床上摆着稿纸、书籍。看到这种情形，客人没有打搅牛顿，见桌上摆着饭菜，以为是给他准备的，便坐下吃了起来。吃完后就悄悄地走了。当牛顿把题计算完了，走到餐桌旁准备吃午饭时，看见盘子里吃过的鸡骨头，恍然大悟地说："我以为我没有吃饭呢，我原来吃过了。"

这些故事究竟是真是假，并不十分重要，不过表明了牛顿是一个怎样沉思默想，不修边幅，虚己敛容的人，他对科学极度的专心，总是想着星辰的旋转，宇宙的变化，而进入了忘我的境界。

相关链接

谦虚谨慎、一丝不苟的学风

"宽阔的河流平静，学识渊博的人谦虚。"凡是对人类发展做出巨大贡献的伟大人物，都有谦虚的美德。牛顿每当在科学上获得伟大成就时，从不沾沾自喜，自以为很了不起，急忙出版著作，以扬名于世。

当牛顿费尽心血算出"万有引力定律"后，没有急于发表。而是继续孜孜不倦地深思了数年，研究了数年，埋头于数字计算之中，从未对任何人讲过一句。后来，牛顿的朋友，大天文学家哈雷（彗星的发现者），在证明一个关于行星轨道的规律遇到困难时，专程登门请教牛顿。牛顿把自己关于计算"万有引力"的书稿交给哈雷看。哈雷看后才知道他所要请教的问题，正是牛顿早已解决、早已算好了的问题，心里钦羡不已。

在1684年11月某一天，哈雷又到牛顿的寓所拜访。当谈到有关天文学的学术问题时，牛顿拿出写好的关于论证"万有引力"的论文，请哈雷提意见。哈雷看后，对这一巨著感到非常惊讶。他欣喜地对牛顿说："这真是伟大的论证、伟大的著作！"他再三奉劝牛顿尽快发表这部伟大著作，以造福于人类。可是牛顿没有听信朋友的好意劝告，轻易地发表自己的著作。而是经过长时间的一丝不苟的反复验证和计算，确认正确无误后，才于1687年7月将《自然哲学的数学原理》发表于世。

牛顿是个十分谦虚的人，从不自高自大。曾经有人问牛顿："你获得成功的秘诀是什么？"牛顿回答说："假如我有一点微小成就的话，没有其他秘诀，唯有勤奋而已。"他又说："假如我看得远些，那是因为我站在巨人们的肩上。"这些话多么意味深长啊！它生动地道出牛顿获得巨大成就的奥妙所在，这就是在前人研究成果的基础上，以献身的精神，勤奋地创造，开辟出科学的新天地。

经典物理学之父 **牛 顿**

历史长空的恒星

> 人生不是一支短短的蜡烛,而是一支由我们暂时拿着的火炬,我们一定要把它燃得十分光明灿烂,然后交给下一代的人们。
> ——萧伯纳

稍微有点历史常识的人都知道,所谓历史无非是人类社会中的重大事件在时间延长线上的有序罗列。历史事件及其相关的时间、地点和人物,就构成了历史的全部内容。

因为任何事情都是人一手造成的,因此,人是事件的主体,人是历史的主人。这里所说的人,既泛指宏观状态的人(人群),又特指微观状态的人(个体)。

历史既重视人的群体功能,同时也决不忽视个人的作用。在任何历史阶段,都会从人的群体中涌现出一些能左右形势的重要人物,他们往往作为历史人物而载入史册。

历史人物是历史的闪光点,正是他们使历史的苍穹群星荟萃,灿烂辉煌。反之,如果没有显赫的历史

人物，那么历史长空将变得暗淡无光，呈现出一片混沌状态。这时，时间失去了方向，空间充满了混乱，宇宙一片洪荒。原始社会大抵就是如此，它所以成为人类历史长河中一个模糊不清的时代，与其说没有文字记载，也许还可说没有可记载的人物。因为那时的人类，与兽类拉开的距离，并不像今天这么大。当时

经典物理学之父 **牛 顿**

的杰出人物,充其量不过是身强体壮能征善斗的能手,这与独霸深山的猛虎和威压同类的猴王并无多大的差异。既然动物没有历史,那么与动物差距并不太大的原始人也没有历史,自然也就不足为怪了。

高等动物和低级人类所以没有历史,其根本原因在于没有文化,没有文明(原始人虽然有文化和文明,但是档次极低)。不管历朝历代的权势者们,对历史进行什么形式的包装,运用什么色彩涂饰,历史的原形和底色依然是文明演化的历程,是人化的轨迹。

正是如牛顿这类播种文明的精英们,集知识智慧之大成,使人类离动物更远,离文明人更近,正如波普在一首诗中写的那样:"自然界及其规律被黑暗笼罩混混沌沌,上帝说:'降生吧,牛顿!'于是一片光明……"

诗句中虽然含有幽默和夸张的意味,但却道出一个朴素的真理:在人类漫长的历史进程中,是从群体中涌现出的一颗颗明星,宛如夜海中的灯塔,驱散了浓重的阴霾,为人类文明的巨轮导航。

人类文明史中的大事件,都与一个又一个的闪光的名字分不开。他们是重大历史事件的发动者,他们是一个又一个史实的创造者。

人们很少对造成既定史实的条件,提出相反的假定,即假如没有这种条件,那么我们今天所熟知的历史和现实会变成什么样子?比如,假如被后人尊崇为经典物理学泰斗的牛顿,不在1642年降生,而在1996年降生,或者直至今日也没有诞生,那么,整个物理学史、整个人类文明史、整个社会面貌,今天会不会还像现在这个样子呢?

对这个问题,似乎会有不同的答案。也许有人认为,既然社会发展遵循客观规律,而不受制于个人,所以,即使没有牛顿这个人,历史和现实的面貌,也不会有什么改变的;也许有人认为,不是这样的,如果当初不在牛顿诞辰的年月诞生出牛顿,或者干脆世上就没有牛顿这个人或这类人,那么历史与现实的面貌,肯定不会像今天这个样子的。

这两种截然相反的看法,孰是孰非呢?是很难加以验证的。

历史的画卷是时间之矢飞逝途中的轨迹,俗话说"开弓没有回头箭",时光是不会倒流的,因此,历史的图景只能一次扫描,而不能重复地涂绘。这就像一个青年人无法过两个18周岁生日一样,历史事件无法在不同时空条件下重演。

但是,不能用实践的方法加以验证的事,并不意味着就没有办法判断它的是非和曲直了。其实,对有

经典物理学之父 **牛 顿**

↑1730年落成的牛顿纪念馆

些问题是完全可以用事物内在的逻辑规律加以判断的。

在评价一个人的历史作用时所运用的辩证唯物史观，实际上是靠逻辑力量支撑的。

从宏观上看，人类社会的历史是有其自身规律的，在人类发展总的趋势上，是不以个人的意志和力量为转移的。但是，宏观规律往往是不计较时间的早晚的，用通俗的语言来说，就是某种历史现象和规律迟早会出现的，它是不讲"时间效率"的。比如，人类社会由原始社会，经过奴隶社会、封建社会、资本主义社会，直至共产主义社会，这是每个国家都要经历的社会发展阶段，至于什么时候从初始阶段出发，什么时候经过中间的某个阶段，什么时间达到高级阶段，宏观规律对此则是完全宽容和放任的。

从微观上看，人类社会每一微小的变革，都打上了时空的印记，比如，同样是改革，100年前发生在日本的明治维新与我国今天的改革开放，在内容、作用

和意义等方面，都不能同日而语。

　　造福人类的精英和危及尘世的枭雄所起到的历史作用，就在于他们能在时间序列上促进或者阻挠历史进程，其后果是从微观上改变了特定时刻的历史事件和内容。

　　一般说来，凡是科学革命的发起人或继承者，都能在推进某个学科历史和人类文明发展方面起着巨大的推动作用。牛顿就是这样一个能改变物理学编年史和人类文明演化史的精英。他不是稍纵即逝的流萤，而是历史长空中永不陨落的恒星。

相关链接
XIANGGUAN LIANJIE

牛顿并非晚年投向宗教　一贯认为无神论荒唐

一

关于牛顿，流传着很多有趣的故事。比较经典的譬如"牛顿与苹果""牛顿请客吃饭"。前者几乎人尽皆知：一个苹果落到牛顿头上，结果"砸"出了他对万有引力的最初思考。后者则频频出现在各种励志类型的说教之中：牛顿请客吃饭，因为痴迷于实验而忘乎所以了，客人倒也不见外，左等右等不见主人踪影，干脆先大快朵颐而去，等牛顿从实验室出来，看见满桌杯盘狼藉，连声感叹自己记性太差，吃过饭都忘了，又一头扎进了实验室。这两个故事是否为真，众说纷纭。不过，它们对牛顿善于思考和做事投入的性格特点的描述相当传神却是不假。

在中国，牛顿还有一个历久不衰的传说——他晚年投向了宗教的怀抱。(这一传说始于何时何地何人，笔者尚未加以详细考证。第一次听说，约莫是在20多年前的初中时段，但其源起显然应该早很多。)与前述两个故事不同,这一传说要有鼻子有眼得多。其前因后果,很多地方是这样讲的:行星围绕太阳运转需要一个与轨道相切的速度,但这个速度从何而来,牛顿没能从科学上做出解释,因此,在晚年只好把它归之于上帝的"第一推动"。最为搞笑的是,这种说法之后通常会有一个"事后诸葛亮式"的感叹,大意是为牛顿感到惋惜:要是他学点唯物辩证法就好了,就不至于滑向唯心主义宗教的泥淖了。当然,无论这一说法本身,还是其后的感叹,都是极度缺乏历史感的想当然。

二

有关"上帝之手"的"第一推动",牛顿的确有过类似的表述。在写于1692年的一封信中,牛顿说:"行星现有的运动不能单单出之于某一个自然原因,而是由一个全智的主宰的推动。"这应该就是"第一推动"的由来。

信是写给一个叫本特利的年轻人的,这个年轻人刚刚30出头,正被一件大事所困扰。1691年,伟大的罗伯特·玻义耳去世了,他是近代化学学科的奠基人,也是当时英国科学界的领袖人物。

临死之前，玻义耳留下遗嘱，其中特别安排了一笔每年50英镑的费用（这在当时可是一大笔钱），用来举行一系列布道，"反对臭名远扬的不信上帝的人，即无神论者、自然神论者、偶像崇拜者、犹太教徒和回教徒"，但"不要涉及基督教徒自身中间的任何争论问题"。本特利是首任布道人，年纪轻轻即担此重任，既是光荣，更是挑战。为了能更好地完成任务，就一些重大问题向权威请教，肯定是必要的。基于这样的目的，本特利言辞恳切地向牛顿发出了求助信。显然，在本特利看来，牛顿所构建的体系，在证明上帝存在的问题上是充分而又显而易见的，恰好能够完美地帮助他达到遗嘱的要求。道理很简单，牛顿的体系揭示出了一个和谐运转的宇宙，而这除了说明造物主的仁慈和智慧之外，还能有别的什么解释吗？

牛顿没有让这位年轻人失望。首先，他毫不犹豫地肯定了本特利对自己的体系在宗教上的价值和意义的理解，进而对其提出的技术问题做出了详细而且热情地回答。从本特利后来写给牛顿的信来看，他的收获颇丰，因为布道的结果非常成功。

此时，牛顿虚岁50，愣要说他已是"晚年"，好像也无可厚非。虽然他人生事业的第二春尚未开始，而且他活到了85岁。（1696年，牛顿离开剑桥三一学院，到英国王室的铸币厂任职，并在新职位上干得风生水起，直至去世。）问题是，在此之前，牛顿是一个唯物主义者，或者说无神论者吗？

经典物理学之父　牛　顿

褒贬际会的人生

> 倘要完全的书，天下可读的书怕要绝无；倘要完全的人，天下配活的人也有限。
> ——鲁　迅

当人们翻开科学史册的时候，总会发现在灿若银河般的科学天际里闪烁着一颗颗光辉夺目的巨星。不仅他们巨大的科学发现使人赞叹，而且他们非凡的人生给人以启迪。

一个出身卑微、生性孤独、少言寡语，少年时代学习成绩不佳，曾被人视为弱智儿的孩子，怎么会成为一个被后世尊崇的伟大物理学家？牛顿成才的问题很值得探究，它不仅具有人才学方面的价值，而且还蕴含着发人深省的哲理。

如果把人看作一个系统的话，那么人的社会行为及其效应，则是这个系统的功能。具体地说，系统的功能是作为系统的人，接受外界环境影响，经过系统自身本性的抉择和同化后，而体现于形外的行为效应。通俗地讲，一个人的行为及其社会效应，取决于他的内在素质和外部环境的两种要素的完美结合。

纵观牛顿的一生，堪称伟大人生的楷模，这是一个很值得人们称颂的成功的人生。这是从总体而论，可以对牛顿的人生做这样评价的。但是，从人才的价值观来判断，牛顿的人生并非完美无缺。人才的价值观认为，一个最有价值的人生，是能充分体现人才的社会价值和个人价值的人生。

人才的社会价值，是指一个人的一生(或一个时期)的行为对社会的政治、经济和文化等领域所做出的贡献的总体度量；人才的个人价值，则是一个人在为社会做贡献的同时，发挥个人的志趣、爱好、才能和潜力等内在要素的程度的综合度量。

这两种价值的关系是相互制约、彼此促进的。比如，让一个很有歌唱才能的人去当歌星，那么，他就会在歌坛上为发展文

化娱乐事业给社会做出巨大贡献,而当这种贡献被社会所接受并得到赞赏时,就会进一步促进个人价值的实现,反之亦然。

现在,让我们用人才的价值观来分析一下牛顿的一生,就会发现这是一个虽然获得巨大的成功,但是,又是不无遗憾的人生。

牛顿一生的事业,可以分为截然不同的两个时期,把他一生的工作时间刚好均分为两半,各占31年。前期是54岁以前,他年富力强,全力以赴,潜心科学,在科学上有了一系列的重大发现,使个人的才能得到充分的发挥,对发展科学文化事业做出了杰出的贡献。这是一个毫无争议完美地实现人才的社会价值和个人价值的人生阶段。后期是54岁以后,他作为造币厂监督开始从政,并作为皇家学会会长,领导着英国科学界。这是一个褒贬不一的时期,有人认为牛顿去伦敦担任公职,不能集中力量搞科学研究,是英国科学界的一大损失;也有人认为牛顿作为早熟的科学家,已经到了才尽力竭的岁月,趁功成名就之时急流勇退,利用从前的威望,担任一定的公职发挥一下余热,也不失为一种明智之举。

我们认为,抛开具体个人不谈,仅就一般情况而论,当科学家确实达到才尽力竭的时候,让他们改改行

←英国皇家学院

做点力所能及的工作，那是无可厚非的；但是，就牛顿而论，他刚到54岁，研究事业正处在欲罢不能的高峰期，让他戛然而止，去改行从政，就很成问题了。

问题就在于，让牛顿从政的时候，他在科研事业上并没有到才尽力竭、无所作为的时期，有一件事可以证明这一点。

1669年，瑞士著名数学家约翰·贝努里提出两个数学问题向"全球最聪明的数学家挑战"。当年55岁的牛顿从来信中得知此消息后，决心应战，他从一天午后4点开始思索，直至次日凌晨4点钟，对那两个经过半年之久尚无人解决的数学难题做出了圆满的答案，写出了一篇完美的论文，并将它以匿名的方式刊登在英国皇家学会的会刊上。贝努里从这篇论文的创造性和完美性，一眼便识别出，能如此精确地解决此问题的高人非牛顿莫属。

这个数学史上的美谈证明，从政后的牛顿思考能力未衰，攻克科学难关的雄风不减。尤其可贵的是，牛顿此时还保持着旺盛的科学研究的热情和兴趣，如果让他静下心来，继续从事数学、力学和光学领域的研究工作的话，那么一定还会取得重大成就的。

遗憾的是，由于被繁忙的公务羁身，他很少抽出整块时间来搞原来研究领域的工作，而只能忙中抽闲、零敲碎打地搞些诸如年代学、炼金术和神学之类的课题。这些研究工作非但徒劳无益，反而使他走上了神秘主义的邪路，在一定程度上损害了他的声誉。这不能不说，既是他个人的不幸，也是科学事业的损失。

牛顿一生中的这件憾事，直接影响了科学史家们对他的评价。他的后半生，虽然头顶着耀眼的尊崇和荣誉的光环，但这个时期他在研究事业

↑1704年，出版巨著《光学》。

上是暗淡无光的。

尽管此期间他在公职方面也曾对社会做过贡献，但是像造币厂监督这类公职，在社会上有许多合适的人选，绝不是离开牛顿不可。大而言之，一个国家可以同时选出一打总统，但在同一时期内有资格成为万有引力定律和机械力学三大定律发现者的却只有牛顿一个。所以，从人才的价值观念来考察，牛顿在他后半生的职业抉择上，弃其所长就其所短，没有充分实现个人的价值。牛顿后半生择业的失误，造成他的人生的失误。

那么，牛顿的人生为什么在前半段取得巨大的成功，而后半段又招致令人惋惜的失误呢？对这个问题仅仅用人才的价值观来评述是不够的，还应该从系统理论出发，在人的内在素质与外部环境相结合从而导致行为效果方面，进行深层次的探讨。

从内在素质来看，牛顿具有刚柔兼备的特质，就是说，既具有适应恶劣环境的可塑性，又具有抗拒恶劣环境的刚强性。牛顿天生体弱多病，在这个弱小生命的成活过程中，就培育了他对外部环境既适应又抗争的双重秉性。传记作家们发现，凡是小时候体弱多病的孩子，长大后都具有这种刚柔相济的素质，除了牛顿外，诺贝尔也是如此。此外，这类人还有一个相

经典物理学之父 **牛 顿**

似之处,那就是由于小时候身体羸弱,不能与其他孩子一道玩耍,便独往独来,孤独忧郁,小时候不合群,长大后不善交际,尤其是缺乏与异性交往的能力,在婚恋方面成功率极低,牛顿和诺贝尔都终身不娶,就很能说明这个问题。

从外部环境来看,牛顿生存与成长的环境是极其严酷的。他出生前3个月父亲就逝世了,3岁时母亲又改嫁离开了他。虽然有外祖母的照料,但因这位老太太家里和田间的活计太多,只能像饲养一头小动物一样,解决他生活中的物质上的需求,而得不到一个少儿所必需的抚爱与关怀,他在精神生活领域是个地地道道的孤儿。

正是这种严酷的环境与内在的坚强的抗争性相结合，培养出他不畏艰险、勇于拼搏、独立谋生、坚持不懈的品格。后来，这些优秀的品质，展现在科学研究中，就派生出追求真理、锐于探索、刻苦钻研、持之以恒的科学品质。

　　由于有了这些优秀的科学品质，搞起科学研究来才那么投入，那么着迷，甚至达到废寝忘食的状态。

　　有一天，一位朋友来看牛顿。正在做实验的牛顿，请客人稍待片刻。这位客人由于是熟人，一切都很随便。左等右等都不见牛顿出来，等到吃午饭的时候，还不见主人出来。便采取了恶作剧式的"报复行动"：将餐桌上的一盘烤鸡全部吃掉，把剩下的鸡骨头放在盘子里，照原样盖好。牛顿终于做完实验，他一面向客人道歉，一面揭开盘子上的盖子，一见盘子里全是鸡骨头，很不好意思地笑着说："哎哟，我真忙糊涂了，还以为没吃过午饭呢，原来早已吃过了！"

　　一天清晨，女仆端来一只锅子，她本打算给牛顿煮两个鸡蛋当早点，但见他全神贯注地思考问题，怕扰乱他的思路，只是轻声地告诉他：先把锅子放下，待会儿让他自己煮。过了一会儿，女仆进来准备收拾餐具，只见牛顿还在聚精会神地思考呢，锅子里的水已经翻花开，可是两个鸡蛋依然放在桌上，她揭开锅

经典物理学之父 牛顿

盖一看,锅里竟放着一块怀表!

牛顿这类醉心于研究达到执迷和忘我程度的故事,生动地体现了他的优秀的科学品质。由于牛顿在前半生中专心致志从事科学研究,使自己的优秀的科学品质充分地外化成发明创造的行为,从而造就了这位举世公认的科学巨人。所以,牛顿的前半生,是近乎完美无缺的人生。

牛顿少年时代所处的严酷的环境与他内在质素中的可塑性相结合,形成了他的孤独、羞怯、敏感、多疑的心态和习性。这种心理展现在社会活动中,就容易派生出自卑与自尊、宽厚与偏执、谦虚与固执、质朴与虚荣等多种矛盾因素共存的社会品质。

在特定的社会条件下,当这种品质中的某些消极因素起了主导作用的时候,不仅会导致某些工作上的过失和错误,甚至会在人生道路转折的关头,做了错误的抉择,造成人生的重大失误。

1720年当惠斯顿被推荐为皇家学会会员时,身为会长的牛顿坚决反对,声称如果将惠斯顿选为会员,他"将不再当会长",将一位著名的科学家排斥在学会大门之外。此外,牛顿因天体观测问题与天文学家弗拉姆斯提德的失和;因争微积分发明权问题与著名数学家莱布尼兹的长期争吵,这都说明牛顿缺乏容人的雅量。

如果说上述过失，还属于工作范围的话，那么，他在54岁时毅然放弃原来的研究课题，出任造币厂监督，就是他人生的一大失误了。造成这种失误的思想根源，在于他的高度自卑又高度自尊的心理。具有这种心理状态的人，往往在灵魂深处潜伏着一种出人头地的愿望。这种愿望在世俗的名利地位观念的诱导下，便产生追求荣华富贵的行动。

牛顿在年过半百的时候，常与在国会的同学和朋友比地位和待遇，对自己的"穷"教授的身份并不甘心，总想有朝一日在政府中谋个一官半职。可是，政府曾多次出缺，他却一直没有补上。他对此耿耿于怀，始终不能理解为什么他总不能从政府机构里得到一个

←英国国会大厦

合适的职位。这种失望的情绪经常折磨他，使他变成一个易发怒的人，甚至得了神经衰弱症。

由于牛顿为官意识如此激烈，因此，当他的学友推荐他出任造币厂监督的时候，他便如获至宝地欣然接受了。殊不知这一步正是他走向暗淡人生的开始。牛顿后半生的历程，后人应该引以为训。

相关链接

XIANGGUAN LIANJIE

牛顿苹果树将"违背"万有引力 随飞船游太空

据报道,举世闻名的"牛顿苹果树"因其蕴含的历史意味而为人们所津津乐道,在万有引力定律发现350年后,这棵苹果树将公然"违背"定律,脱离地球引力在太空翱翔。

报道称,为庆祝牛顿万有引力定律发现350周年,英国国家科学院、又称皇家学会决定在下周将苹果树的一部分躯干送往阿特兰蒂斯号宇宙飞船。

英国籍宇航员皮尔斯·塞勒斯将负责此次苹

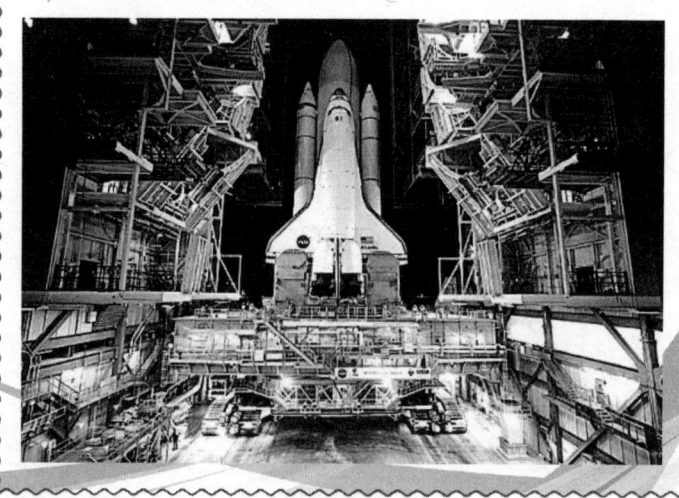

经典物理学之父 **牛 顿**

果树的太空飞行。在接受媒体采访时，塞勒斯开玩笑的表示，"我将会带着苹果树翱翔在太空，这会让牛顿感到困惑"。

塞勒斯曾于2006年登上过太空。当时，他还带着英国皇家学会授予著名物理学家斯蒂夫·霍金的金质奖章。

美科学家质疑牛顿"万有引力"定律

发射的宇宙飞行器偏离按照"万有引力定律"计算的轨道，而且速度变慢，美国航天局的科学家对这一现象深入研究后，对牛顿"万有引力定律"产生了质疑。对此观点，中国科学院的天文专家并不认同，因为在对宇宙认识并不全面的今天，"怀疑基本定律为时过早"。

这种情况最初是在"先驱者10"上发现的，1992年12月，它的飞行轨道发生了一个极其微小的方向变化，随后在1998年，科学家又意识到该探测器减速的速度要比预期快，虽然这一额外加速度非常小，只约相当于地面重力加速度的一百亿分之一。

科学家们本以为这只是探测器内部设备问题，

科学家卷 111

但随着在"先驱者11""伽利略"以及"尤利西斯"等探测器上也出现了同样问题,这一原因被排除了,而且也不会是未发现星体产生的引力,因为"先驱者10"和"先驱者11"相距220亿公里,不会存在一个如此大的未发现星体。因此,科学家们产生了怀疑,认为在宇宙尺度水平上,牛顿的"万有引力定律"就不再有效,也就是说"万有引力定律"存在局限性,只在一定条件下成立。

不过,对于此质疑,中国科学院的有关天文专家并不认同,"飞行轨道是依据最好的数据参数计算得出的,整个计算的过程非常精细,由于我们对宇宙的了解还不彻底,有不少参数并不知道,所以轨道的测算都存在误差,而类似'先驱者10'这种情况,很可能是对星体质量估计不准确造成的,当然还存在其他未知因素,所以怀疑基本定律为时过早。"

相关链接

牛顿大事年表

1642年12月25日生于英国林肯郡武耳索普农村,父亲老艾萨克已于同年10月1日去世。

1646年1月27日母亲汉娜改嫁邻村牧师斯密士,牛顿由外祖父母抚养。

1653年斯密士去世,母亲汉娜携三个异姓弟妹回武耳索普。

1654年离家至格兰瑟姆国王中学读书。

1659年奉母命退学回家。

1660年返格兰瑟姆国王中学复学。

1661年6月5日进入剑桥大学三一学院。

1663年结识威金斯,随后成为室友,此关系一直维持了20年之久。

1665年春天取得剑桥大学文学士学位,夏天回武耳索普躲避伦敦瘟疫。发展微积分、平方反比律。

1666年重力观念形成,并着手计算行星运行的轨道。夏天前往格兰瑟姆的身份登记处依法改变身份，成为绅士。利用棱镜做实验完成《关于颜色》论文，但并未发表。

1667年开始修习化学。获选为研究员。

1668年3月取得硕士学位并升为正研究员。完成论文《无限级数的分析》，但并未发表。

1669年10月29日应聘为剑桥大学卢卡斯讲座教授。设计光学实验"实验的十字架"。年底着手炼金实验。

1670年第一次成功做出"轩辕十四锑"。

1671年12月托人将自制的反射式天文望远镜送交皇家学会，即被皇家学会提名为院士候选人。

1672年1月11日当选为皇家学会院士。发表论文《光与色的理论》，刊载于二月号的《哲学通报》，并展开与胡克间的论战，直到胡克1703年去世为止。开始从事《圣经》预言、古年代学、"三位一体"论的研究，身后出版《古王国的年代学补正》(1728)、《对但以理预言的观察》(1733)。

1675年完成1200字左右的《实验之论》，乃研究炼金术前5年的精华。

1676年因莱布尼茨发展微积分，而对他心怀芥蒂，开始了两人在信件往返与在期刊中公开论

战，一直持续到1716年莱布尼茨去世为止。

1677年冬天实验室大火，烧毁许多科学、炼金术文献。

1682年对观测彗星显露出兴趣。建立彗星运行轨道的模型。

1684年发表论文《绕转物体的研究》。因钟摆实验，摒弃光线传播是利用以太为介质的观念。

1685年完成550页的巨著《自然哲学的数学原理》，只花了18个月。提出(但未发表)次原子假说，并思考今日称之为统一场论的形式。

1687年《原理》初版发行，包含了万有引力理论。

1688年担任国会议员一年。

1689年6月12日在皇家学会结识了法蒂奥。

1693年暂时性的精神崩溃。

1694年9月开启与弗拉姆斯蒂德之间长达多年的争执，并于1705年达到高峰。

1696年离开剑桥，接受皇家造币厂厂长新职，迁居伦敦。外甥女凯瑟琳前来伦敦同住，担任管家。

1698年充当私家侦探兼检察官。

1699年升任皇家造币厂总监。

1701年11月再度担任国会议员，12月正式辞去卢卡斯讲座教授。

1703年11月30日当选皇家学会主席。

1704年出版第二本巨著《光学》，终于将沉寂了30年的理论发表。

1705年赐封为爵士。

1713年《原理》第二版发行。

1722年年底便溺失禁与肾结石的病况加剧。

1724年放弃造币厂总监与皇家学会主席职务，并移居西郊肯辛顿的乡下居住。

1726年《原理》第三版发行。

1727年3月20日病逝于伦敦，下葬威斯敏斯特教堂。